JN018111

Good Team

グッドチーム

成果を出し続けるチームの創り方

齋藤 秀樹

日経BP

はじめに

朝起きて「早く会社に行きたい」と思えるか

朝起きたとき「早く会社に行きたい」という気持ちになりますか？「早く仕事がしたい」「早く同僚に会いたい」と――。

そんな職場で働けているなら、あなたはとても幸せですね。

ですが現実は、そのような人はほとんどいません。私が20年間にわたって企業コンサル、セミナー、講演の場で会社員の〝生の声〟を聞いている限り、朝起きて「早く会社に行きたい」と思える人は、「1000人に1人、いるかいないか」ではないかと思います。

実際、企業研修で「今日、朝起きたときに『早く会社に行きたい』と思った人は手を挙げてもらえますか」と聞くと、若手はもちろんのこと、中堅管理職や経営層ですらほとんど手が挙がりません。

さらに驚くのは「1000人に1人」の手を挙げた人へのまなざしです。びっくりして目を丸くする人、疑いのまなざしを向ける人、羨ましそうな顔をする人……。本当に様々な想いがセミナー会場を埋め尽くします。

そこで私は、今度は次のように尋ねます。

「では、職場という場所が、行きたくない場所に行って、会いたくない人に会い、やりたくない仕事をする、そんな場になっていますか？」と。

すると、かなりの方がうなずくのです。

結論から言えば、**日本中の職場が「誰も行きたくない場所」になっている**わけです。ビジネスパーソンであれば人生において最も長い時間を過ごす場所が会社であり職場です。なのに、そこが「行きたくない場所」になっているなんて、皮肉もいいところです。

多くの職場は〝プチ牢獄化〟しているわけですね。

そんな誰もが行きたくない職場で

- **楽しいと思える仕事はできるでしょうか**
- **組織や個人の成果は上がるでしょうか**
- **人は成長するでしょうか**

・世界を変えるような発想やアイデアが生まれるでしょうか

普通に考えれば、どれも難しいと思います。

「行きたくない職場」に通い続ければどうなるか。恐らく心を少しずつ削られて、メンタル面で不調を訴えるようになるでしょう。あなた自身はもちろん、周りの人たちも……。そんな現実が目の前にあります。

自分を守るためにも、周りを助けるためにも、よいチーム、よい職場を目指したい。そんな気持ちに応えたい。そう思い、本書を執筆しました。

この本が日本のあらゆるチーム（職場、学校、団体、家庭）のよりよい未来をつくる一助になれば幸いです。

「よいチームやよい職場」というのは、「よいクラス、よい教室」「よい家族、よい家」と考え方は同じです。職場、学校、家庭、趣味の集まり……。

人が人と関わる集団においては、すべて本質的に同じ課題が存在しています。どの場所も「いたくない場所にしたくない」というものです。

有事の際にチームの脆弱さが露呈する

これを書いているのは2020年5月ですが、今は世界中が新型コロナウイルスの感染拡大で非常事態に陥っています。

このような有事の際は、リーダーの決断力や統率力のほか、チームの力、組織の力が問われます。「何となくまとまっていた」（そう見えていた）チームや組織は、その脆弱さがあらわになり、いやがうえにもチームという存在を意識するようになりました。

こうした有事においては、ことさらトップのリーダーシップが取り沙汰されます。「リーダーが決断しない」「リーダーの意思決定が遅い」と。

ですが、こうした批判を言う人は、裏返せば「リーダー依存」「指示待ち」に陥っていることが多い。もちろんリーダーの資質・行動力は問われますが、チームとして考えると、一人ひとりのメンバーがそれぞれ自立的に動き、問題を解決していくことが大切です。決して「他人事」ではありません。

日本では、こうした「他責や他力の姿勢」があまりに多く見られるのがとても残念です。これはローパフォーマンス組織の典型です。つまり、問題解決能力が極めて低いチームになっています。

日本の企業は、平時はルーティンワーク（定常業務）を主として動いています。その中でもイレギュラーな事象は発生しますが、対応はおおむね「前例踏襲」「先送り」「事なかれ主義」でなんとかなっています。これがさらにチームのローパフォーマンス化に拍車をかけます。

「事なかれ主義」は、何も若手や中堅社員に限っての問題ではありません。課長、部長、役員、社長まで、社内のあらゆる立場の人の中に侵食しています。中でも役職の高い〝上〟が問題です。事なかれ主義の「悪い見本」が常に〝上〟に存在すれば、〝下〟も自然とのみ込まれてしまうからです。本来、仕事とは成果を高めるために現在の取り組みを創造的に変えていく」ことです。

平和ボケした無能な集団へ

その結果、組織は「見ざる」「聞かざる」「言わざる」の三拍子そろった平和ボケした無能な集団へと限りなく近づいていきます。

そんな状況で突然の経済危機、自然災害、新種の感染症によるパンデミックが起こったらどうなるか。どうにもなりませんよね。

組織風土はリーダー依存、指示待ちのまま。当事者意識のないメンバーたちは、ある者はリーダーの指示をひたすら待ち、ある者は指示を出せと突き上げ、ある者は不安に、ある者はイラ立ち、あるものは自己防衛的になり、あるものは自分の利益のみを追求し始める……。

こうなると、組織内だけではなく社会的なコミュニティーも混沌とし始めます。社会は「他責」「他力」に汚染されていきます。

私たちはこれまで幾多の危機に遭遇してきました。しかし、残念なことにそこから多くを学んでいません。

「喉元過ぎれば熱さ忘れる」と同様、忘却することで日常を取り戻しています。こうした習慣をもう見直さなければならない時期にきていると思います。

それはなぜか。もうお分かりだと思いますが、100年に1度、数十年に1度という災害や危機が、いつ襲ってきてもおかしくない時代になったからです。

今、私たち一人ひとりに本質的な意識と行動の変容が求められているのです。

原因ははっきりしている。現状は変えられる

現在、日本は〝プチ牢獄〟と言ってもいい職場であふれています。そんな状況下で私が伝えたいのは、「この状況を作り出している原因ははっきりしている」ということです。つまり、現状は変えられます。

さらに伝えたいことは、あなたが本書で学び、実践を通して変化すれば、その分だけ現実も変化するということ。

朝起きて会社に行きたいと思える、そんな素晴らしい「グッドチーム」（Good Team）を創ることができるのは、誰でもないあなた自身です。

断言します。「**チームはあなた一人から変えられる**」。

最初はたった一人から始めても、あなたの姿勢が皆を巻き込み、チーム全体を変えていける。

これは、精神論でもどこかの論文の引用でもなく、私が20年の歳月をかけ実践し、検証

し続けてきた結果から言えることです。この本でお話しするのは、その検証結果から導き出した考え・手法です。

本書を通じて、グッドチームを目指す皆さんを全力で応援いたします。

2020年5月

株式会社アクションラーニングソリューションズ代表取締役
一般社団法人日本チームビルディング協会代表理事

齋藤秀樹

もくじ

第2章

「5つの条件」を満たし「3つの壁」を乗り越える

第3章

「4段階のプロセス」を経てチームは成長する

第4章 「8ステップ」で進めるグッドチームの創り方 …… 133

第5章

チームの土台を築く第1～第3ステップ ……… 155

第6章

第7章

リーダーシップを強化する第7〜第8ステップ

第1章

どこもかしこも「バッドチーム」だらけ

【厳しいチームの現状】

自覚のない「隠れバッドチーム」が多数ある！

はじめに、この本ではあえて〝グッドチーム（Good Team）〟という言葉を使います。それは、「グッドチームとは何か」を理解することができれば、あなたが見ている日常を一変できる可能性があるからです。

心から会社に行きたいと思えるビジネスパーソンが少ない日本。あなたは日々、どんな景色を見ていますか。

本書を手に取っているのなら、きっとあなたの所属するチームも、グッドチームではないはずです。

実際、簡単な診断によってあなたの所属する「チームの状態」を大まかに知ることができます。詳しくは3章で解説しますが、ここでは私がこれまで講演、セミナー、コンサルティングを通じて何千人もの人に試してもらったチーム診断における結果の傾向だけ紹介します。

【チームビルディング診断シートの結果（40点満点）】

・「バッドチーム」20点以下　全体の50％
・「隠れバッドチーム」21～32点　全体の49％
・「グッドチーム」33点以上～　全体の1％未満

結果は散々です。おおよそ50％は深刻な問題を抱えている「バッドチーム」（Bad Team）に分類され、「グッドチーム」は1％未満とほぼ皆無。例えば参加者30人の研修であれば、ごくまれにグッドチームに所属する人が1人いるかどうかです。

その他の49％の人は、深刻な状況であるもののそれを自覚していない「隠れバッドチーム」でした。職場の状態としてはバッドチームと似たり寄ったりで、差異はほとんどないチームです。

研修ではこの診断結果を見て、あまりの数値の低さにがくぜんとする参加者が少なくありません。それほど自分のチームの状況をしっかり確認したことがなく、どんな問題を抱えているかも分かっていないのです。

自覚がないのは、周りも同じだから

こうしたバッドチーム、もしくは隠れバッドチームは、極めて閉塞的でローパフォーマンスのチームであることが多い。しかし、そんなチームであっても、チームメンバーには危機感がない（もしくは薄い）ことがほとんどです。

それは会社の中を見渡しても、友人の社内事情を聞いても、自分たちと同じようなチームだらけだからではないでしょうか。そうなると、あきらめの気持ちからか、チームに対する不満は薄れ、興味もわかなくなっていきます。感覚がまひしているわけです。

結果「職場なんてこんなもんだよね」と納得する。そんな人がほぼ全員。これが同質化という日本の職場の〝鎖国状態〟という課題です。

既に「ＧＡＦＡ」（グーグル、アップル、フェイスブック、アマゾン・ドット・コムの米ＩＴ大手４社の頭文字を並べた総称）をはじめとした〝黒船〟が続々来航していますが、それでも日本は「自分たちは大丈夫」という根拠のない自信が一般化しています。それは自信ではなく、無責任なだけだと私は思うのですが……。

根底に「どうにもならない」が染みついている

けれども実は、多くの人は分かっています。「こんな職場、学校、団体、家庭は〝不毛〟である」と。それでも自分たちは「何もしない、何もできない」と考えてしまう。その根底にはこんな言葉が染みついています。


「一人ではどうにもならない」

「自分だけ頑張ったところで」


ここでは私は断言したい。

「**チームはあなた一人から変えられる**」と。

あなたがあきらめず、勇気を持ってグッドチームを創ろうとすれば、目の前に広がる景色は確実に変わります。

これはどんな状況においても変わりません。売り上げが良いイケイケチームでも、常に目標達成できずに苦しんでいるじり貧チームでも、チームビルディングの手法に違いはありません。今の日本の組織において、国をはじめ企業、学校、団体、そして家庭においてさえ同じことが言えます。

グッドチームを創るための「原理原則」はあります。

本書ではそれを丁寧に解説していきます。

◆覚えておきたい大事なこと

グッドチームは1人から創ることができる

【「成果の公式」を学ぶ】

「Do」より「Be」を大事にせよ

「グッドチームの創り方」についてお話しする前に、知っておいてほしい大事なことがあります。それは「目先の改善ノウハウ」に飛びつかないこと。

何かを学ぶときの陥りやすいワナの1つに、「すぐに効果が出る手法を知りたがり、それにすがろうとする」というものがあります。

例えば、チームビルディングでは「ここをこうしたら簡単にチーム力が上がる」という手法です。それらは短期的には効果が出るかもしれませんが、継続的に効果が出るものではありません。長期的に見ると、むしろ逆効果になることも少なくありません。

そもそもグッドチームは、プラモデルを作るように説明書を見ながら組み立てられるようなものではありません。確かに創るための手法はありますが、それを使いこなすためには、**ノウハウを知る前に学ぶことがあります。それは私が「Be」と呼んでいる「チームやあなたの〝あり方〟」です。**

〈 チームにおける成果の公式 〉

チーム成果 ＝ Be × Do
（あり方）（やり方）

Be（あり方）：推進力、エネルギー、シナジー、ミッション
ビジョン、モチベーション、やる気、本気、信頼など

Do（やり方）：戦略、戦術、方法論、手段、知識、システムなど

この「Ｂｅ」（あり方）の構成要素は、チームで成果を生み出すために必要な「推進力」となる、私たちの内なるものです。例えば「モチベーション」「やる気」「本気」「信頼」「エネルギー」「シナジー」「ミッション」「ビジョン」といったものを指します。

一方、前述した「ノウハウ」、つまり成果を生み出すための「戦略」「戦術」「方法論」「手段」「知識」「システム」などは「Ｄｏ」（やり方）と呼んでいます。

問題を解決したいときはどうしても「Ｄｏ」ばかりを欲しがりますが、チームの根幹をなす「Ｂｅ」なしでは「Ｄｏ」は正しく機能しません。

これは１つのシンプルな公式で表せます。「チーム成果＝Ｂｅ×Ｄｏ」です（上図）。

「チーム成果」とは、チーム活動によって得られる成果、売り上げ、利益などの定量的なものと、社会的価値や貢献、

モチベーション、当事者意識（自分事）、信頼関係、感謝、喜びといった定性的な成果を指します。そして「チーム成果」は、前述の「Ｂｅ」と「Ｄｏ」の掛け算で生み出されます。

車をイメージしてください。Ｄｏは立派なボディと最新のナビゲーションシステムです。ナビゲーションシステムに目的地を入力すれば、最短でゴールに到着できる経路が表示される。そして、アクセルを踏む。しかし、車は前に進まない。それはなぜか。ガス欠だからです。つまり、**ガソリンのように推進力となるのがＢｅなのです。**

見渡す限り「ガス欠」のチームばかり

この公式は、どんなにシステムや方法論が完璧でも（Ｄｏがしっかりしていても）、モチベーションや信頼関係が限りなくゼロであれば（Ｂｅがなければ）、チーム成果は限りなくゼロになるということを表しています。

それは逆も同じで、夢や志を語るリーダーがいて、メンバーも楽しく仕事ができていても（Ｂｅがしっかりあっても）、適切で具体的なやり方を持たず、行動力だけを頼りに動いていれば（Ｄｏがなければ）ビジネスでは勝てません。

この公式を利用してチームを点検すると、今の自分たちに何が足りないかという本質的な課題が浮き彫りになります。

私の経験上、**現代の日本の組織は「Ｄｏはあってもｂｅがない」ことが圧倒的に多い**。本当に〝Ｂｅ不足〟、ガス欠のチームばかりなのです。

ですから、初めに大事な「Ｂｅ」の話をしたいと思ったわけです。

研修などで「チームのあり方」（Ｂｅ）を説明していると、「精神論はいいから早くやり方を教えて」という明らかに先を急いでほしいという顔をする参加者がいます。そんな人には、「いや、本当に大事なのはこのＢｅの話です。ここは時間をかけてでも、しっかり理解してもらいたいポイントです」と言いたくなります。

「こうなっていたら危険！」の会議風景

もう少し具体的な話でＢｅの大切さを説明しましょう。

例えば、あなたのチームの会議における議題や内容を思い出してください。

ほぼ「やり方」（Ｄｏ）の議論に終始していませんか？　それもほとんどが対症療法的な議論だったりしませんか？　多くのチームが会議でそれらに膨大な時間を費やしています。

そのようなチームは「Ｂｅ」（ここではモチベーション、やる気、本気、エネルギーなど）がほとんどありません。そしてそこでは、次のような会議風景が日常化しているはずです。

【Beがほとんどないチームの会議風景】

・リーダーが一方的にミーティングを進行している
・時々、意見を求めるがほとんど意見が出ない
・意見が出ても発言者はだいたい決まっている
・議題の結論はほとんどの場合、リーダーや一部のメンバーの意見で決定される
・決定事項がおかしいと思う人がいても、意見を言えずに会議が終わる
・そもそも、ほとんどのメンバーが発言する気すらない

このような会議は改善したくなりますよね。しかし、会議を改善しようとして取る行動

は、またしても「会議のやり方の改善」だったりするので皮肉なものです。本当の原因はDoではなくBeにあるのに、です。

それだけBeは多くのビジネスパーソンの意識にないということでしょう。

ですから、本書を手に取った人には、何より初めに「Beの大切さ」を意識してほしいと思っています。

◆覚えておきたい大事なこと

「改善ノウハウ」ばかり求めない。BeとDoは車の両輪

【日本的「良いチーム」の誤解】

それって本当に「協調性のある」チーム？

「優秀な人材を集めただけで優秀なチームができあがるわけではない」

これはチームプレーが勝負を分けるスポーツだけでなく、ビジネスの世界でもよく言われていますが、確かにそうです。優秀な人材を集めただけでは、「優秀な人材が多い集団」ができるだけで、そのままではチームとしては全く機能しません。

むしろ「優秀な人」は、何でも自分でできるという意識が強く、個人プレーに走りがちな傾向があるため、ビジネスで協働するには不向きな場合も少なくありません。

我(が)が強いスター選手が集まったチームを想像すれば、うまくいかないことは想像に難くないでしょう。

では、個人プレーに走らない「協調性のあるチーム」がいいのでしょうか。

実はそれも違います。そもそも私たち日本人が語る「協調性」の実態は、「依存性」や「画一性」とほぼ似たようなものではないかと思っています。本来の「協調性」とはかけ離れているのです。

実態は「協調」ではなく、「依存」や「画一」

それぞれの言葉を辞書（大辞林）で引くと、以下のように説明されています。

【協調】
・力を合わせて事をなすこと
・利害の対立するものが、力を合わせて事にあたること

【依存】
・他のものに頼って成立・存在すること

【画一】
・個々の性質や事情は重視せず、全体を一様にそろえること

いかがでしょうか。**「協調性のあるチーム」の実態は、人間関係や統率において「問題**

〈 日本人が語る協調性の実態 〉

日本における
「協調性のあるチーム」とは
上への忖度　事なかれ主義
リーダーへの依存
の傾向が強く、本来の「協調性」とはほど遠い

が起きにくいチーム」であり、それは「依存性」や「画一性」の強い集団であることが多い。特定のリーダーを祭り上げ、頼り、忖度する集団だったりします。そんな集団を皆さんは日々、目にしているはずです。

本来の意味での「協調性のあるチーム」であれば、それはグッドチームです。ですが、日本の企業においては「協調性のあるチーム」は、「忖度チーム」や「事なかれチーム」でしかないと思います。

なぜこのような現実が普通に存在しているのか。少し大げさな言い方になりますが、歴史的に「今まではそれでよかった」からです。

人間の歴史を振り返れば、「殿様と家来」に代表される〝超トップダウン型の集団〟が普通でした。肩書を持った一部の支配層は、家来や庶民を力や法でねじ伏せ、家来や庶民は支配層の意向を全力で忖度し、事なかれで日常をや

り過ごしてきました。それこそ「歯向かえば切腹」という時代がありました。

近代になって民主主義やら人類平等やらで、これまでのヒエラルキー社会からの脱却を目指す力が強くなりました。結果、超トップダウン組織は崩壊に向かっています。けれども、この流れに乗り遅れた組織がいまだに数多く存在しています。ですからこの問題は根深いのです。

学生の頃から「協調性を持ちなさい」と言われ続けた

依存的な性質は、学生生活でも散々植え付けられます。教師からは「君は協調性がない」と言われて、個性を活かせず、意見が言えなくなった子どもは少なくないでしょう。「面倒なことを起こさない生徒が良い生徒」が暗黙の了解として浸透し、子どもたちは画一的な箱に納められてしまうのです。

そんな学生生活を送った人が社会に出て、本来の意味での「協調」を意識して働けるでしょうか。多くの人はこれまで通り、依存的で事なかれ主義で動くと思います。

今のビジネスパーソンは、「挑戦したい」というより、「失敗したくない」という気持ち

が強い傾向がありますが、それも学生生活で植え付けられた依存的な性質が原因の一つではないかと思います。

日本の「上昇志向」は、アジアの中で最下位

それは出世意欲にも表れています。

パーソル総合研究所がアジア太平洋地域（APAC）の主要な14の国・地域で働くビジネスパーソン1000人を対象に行った就労調査によると、「会社で出世したいか」という質問項目で、**日本は5段階尺度の平均値で「2・9」のスコアにとどまり、14カ国中最下位**になりました。それもワースト2位のニュージーランドや韓国の「3・7」を大きく引き離して……（ちなみに1位はタイで4・7です）。

さらに同調査の「管理職になりたいか」という項目でも、日本は同じく大差で最下位になりました。

勤務先での学習や自己啓発についても「とくに何も行っていない」の項目でトップに。起業・独立志向も14カ国中最も低い結果となっていました。

「日本に未来はあるのか」と悲観したくなるほどの散々な結果だと思いませんか?

この結果を見てもまだ、本来の意味とは大きくかけ離れた「協調性のあるチーム」でいいと思う人は少ないと思います。

「忖度」「事なかれ主義」「リーダー依存」。これらの要素がない本当の意味での「協調性のあるチーム」を目指しましょう。

◆覚えておきたい大事なこと

「事なかれ主義」では、グッドチームは創れない

【時代に合わないチームシステム】

「昭和的チームOS」をぶっ壊せ！

グッドチームを創るためには「チームのあり方」である「Ｂｅ」が大切だとお話ししましたが、多くの職場において「今のチームのあり方を変える」ということは、「昭和的チームＯＳからの脱却」であると言えます。

古いＯＳの上で新しいアプリがまともに動かないのと同様に、職場も古い体制・考え方では最新の手法やシステムは正常に動きませんし、人材も育ちません。

ここで語る「昭和的チームＯＳ」とは、高度成長期、まさに昭和の時代に使われていた職場システムのことを指し、それは前述の「協調性」のところでも説明した〝超トップダウン型組織〟でもあります。令和の時代は、もう昭和的チームＯＳではビジネスは立ち行かなくなっています。まだ古臭いＯＳで仕事をしているのであれば、早々に脱却を図るべきです。

私は本書で昭和的チームＯＳを悪者のような扱いをしますが、言いたいのは「時代に合っていない」ということです。昭和の時代ではそれが最新のＯＳで有効だったわけですから、当時はそれで問題はありませんでした。では、なぜ昭和の時代に昭和的チームＯＳ、すなわち超トップダウン型組織が有効だったのでしょうか。

昭和時代の職場は、圧倒的なバイタリティーがあった

昭和の時代、そこに生きる人たちには様々な野望がありました。「出世したい」「金持ちになりたい」「高級車に乗りたい」「大きな家に住みたい」「海外旅行に行きたい」などです。

社員を動かすモチベーションは、上司が与える必要はなく、個々に持つ人が今と比べると圧倒的に多かった。「働き方改革」が進む今では絶対にあり得ないことですが、何の違和感もなく「24時間戦えますか」と栄養ドリンクのテレビＣＭが放送されていました。そして、そんなＣＭを地で行く24時間働こうとする人たちもたくさんいました。

私自身も、入社した当時の月の残業時間は２００時間を超え、１日おきに徹夜を繰り返す生活が日常でした。当時、新人ＳＥだった私は当時のプロジェクトリーダーから「ＳＥ

は胃を切って一人前だ！」と真顔で言われました。

解釈を間違えると危ない人たちのようですが、要は「徹夜とストレスとプレッシャーに耐えて激務をこなし、胃潰瘍になって手術をし、現場復帰したら一人前」ということです。

今なら完全にイカレタ職場、パワハラ上司で即アウトですが、当時の私はなぜか納得していました。

「信頼関係」ができていたからこそ、激務でも働けた

つまり、現在の価値観でいえば、多くの会社はブラック企業だし、ほとんどの上司はパワハラ上司でした。そんな劣悪な環境下でも現代の職場よりも昭和の職場の方が楽しかった。それは、なぜか。

まず、逆境に耐える自分をかっこいいと感じていた。これは子どもの頃から見続けてきた「スポコン漫画」（「巨人の星」や「アタックNo・1」など）に大きな影響を受けていたことが要因かもしれません。とにかく「逆境を乗り越えないと何も得られない」というマインドに支配されていたのです。

この昭和の文化や価値観が作り出したものが圧倒的なバイタリティーの源泉にあったように思えます。

また、先ほど「パワハラ上司」と言いましたが、今のパワハラ上司とは少し違います。どちらかというと「親分肌のボス」です。乱暴な言葉や態度であっても、部下の面倒見がよいし、個人差はあるものの「器が大きい人」が多かった。

そして職場における「密な人間関係」があり、お互いに「信頼」をベースとした人付き合いをしていました。

毎晩のように半強制的に居酒屋に連行されて、そこには同じ課の仲間がたくさん集い、それはファミリーのような雰囲気でした。上司はいい意味で父親のような存在でもありました。当時、私は寮に住んでいましたが、寮に戻ってお風呂に入っていると先輩や同僚も入ってきて、半強制的に裸の付き合いが始まります。

上下関係はあるのですが、どちらかというと兄弟のような関係が生まれ、何でも話すし、もちろん厳しいことも言われる間柄でした。

年に1回は必ず全員参加の社員旅行もありました。その他にも、同僚たちとテニスやスキー旅行に行くなど。仕事も遊びも同じぐらいたくさんしました。それができるだけの人間関係とエネルギーを皆が持っていました。

だから、リーダーがゴールを決め、「行くぞ！」と号令をかければ、皆、全力で走ることができました。これが昭和的チームOSが機能した土台であり背景なのです。

上司が「行くぞ！」と言っても、動く組織ではなくなった

今はどうでしょう。「バイタリティー」という言葉はあまり耳にしなくなりました。「根性」という言葉については、毛嫌いされている節があります。

「出世したくない」「お金はないよりはあった方がいい」「自家用車なんて必要ない」「大きな家、維持管理が面倒」「海外なんて行きたくない。家にいたい」――。

それでいて「濃密な人間関係」もあまりない。出社して、挨拶もそこそこに誰とも話さず黙々とルーティンワークを始め、昼食は一人で食べ、午後にまた誰とも話さずルーティンワークを行い、どこにも寄らずに真っすぐ自宅に帰る。帰宅してもゲームやSNSをして、ユーチューブやネットフリックスで動画を見続ける。そして疲れたら眠るという日々。こうした生活に近い人も結構いるのではないでしょうか。

このような完全にバイタリティーという推進力を失った個人を中心に作られた組織では、昭和時代と同様にリーダーがゴールを決め、「行くぞ！」と言っても誰も走りません。

昭和という時代はそれまでに培われた文化や価値観を基に、バイタリティーという推進力を個々に宿らせ、その推進力を組織に活かすことで莫大な成果を生み出してきたのです。**推進力を失った今は、昭和的な働き方は全く機能しないでしょう。そこに、なぜ気づかないのか。**

「古臭い昭和的チームOSなんて、もうどこの職場にもないのでは？」と思う人もいるかもしれません。ですが今でも、会社を、そして職場を動かしているのは昭和時代を過ごした50代や60代の権力を持つ層なのです。

権力を持つ層も、頭では新しい価値観や働き方をしなくてはいけない（時代に合わせよう）と思っているかもしれませんが、どっぷりつかった昭和的な価値観や働き方はそう簡単には抜けません。

多くの組織は、上司と似たような価値観、考え方の部下が出世し、上司と異なる価値観、考え方を持つ部下は軽視される傾向があります。まさに多様性とは真逆の組織風土が強化されているため、いつまでも昭和的チームOSが現役でいるのです。

もうお分かりだと思いますが、**日本で「多様性」（ダイバーシティ）が根付かない最大の原因はここにあります。この「昭和的チームOS」の問題は非常に重要**なところなので、次項でさらに詳しく説明していきたいと思います。

◆覚えておきたい大事なこと

昭和時代の価値観や働き方は、なかなか抜け切れない

【リーダーのあり方】
「強いリーダー」はもういらない

昭和的チームOSが機能していた時代は、リーダーが「正解」と思われるゴールを指し示し、そこに向かってチームが一丸となって走ることで成果を上げていました。

ビジネスも今に比べると比較的シンプルなモデルで成功するケースが多々ありました。生産数を増やせば作った分だけ売れる、セールスマンを増やせば売り上げが伸びる、高い商品を安く売れるように工夫すれば売れる――。極端な例ではありますが、リーダーが「正解」を指し示して号令を出せた時代だったのです。

今は世の中がモノであふれ、サービスが多様化し、ライバルとの差別化もしにくい「正解が分からない」複雑な時代になっています。そんな時代では、リーダー一人にチームの行く末を託すことはできません。リーダーも正解が分からないのですから。

必要なのは、チームメンバー一人ひとりの個性やスキル、創造力やアイデアです。それらをチーム内でいかに引き出すか。**現代のリーダーに求められているのは、圧倒的な「け**

ん引力」ではなく、チームメンバーの力を最大限引き出す「支援力」にあるのです。

必要なのは「尊敬され、愛される」リーダー

私は常日ごろ、「本当に強い組織、つまりグッドチームには、強いリーダーはいない。メンバーに尊敬され、愛されるリーダーがいるだけだ」という話をしています。

ここでの「尊敬」は大げさなものではなく、メンバーが「**自分たちをしっかり見ていてくれている。皆を平等に扱ってくれている**」と感じることから生まれるものです。

端的に言えば、「**人を大切にできる人**」**が尊敬され、愛されるリーダー**になり、チームの求心力となるわけです。

昭和時代のビジネス界を席巻した「強いリーダー」と同じように、自らの能力や権力を中心とした「力」でチームを動かそうとする人がいますが、そこから生まれるのは「理不尽感」や「やらされ感」ばかりです。今はそんなリーダーは、職場にとってマイナスでしかありません。

もうカリスマ的な存在感を放つ「強いリーダー」に憧れる時代ではありません。30代以

〈 グッドチームに必要なリーダー 〉

× 強いリーダー

○ 尊敬され、愛されるリーダー
それは「人を大切にできる人」

下の若い世代は「強いリーダー」に対して憧れを持っていませんし、自分自身もそういったリーダーになりたいともなれるとも思っていないでしょう。

また、「強さ」がチームの価値を高めるものではなく、「部下を従えるだけ」のものになっていることも少なくありません。そんな〝見せかけ〟の強さを持つリーダーに憧れを抱かないのは当然だと思います。

ただ、昭和的チームOSで動く職場は、いまだに「強いリーダー」を求める傾向があります。そうなると、リーダーになりたくないと思う人が増え、リーダー像もどんどんネガティブなものになっていきます。このままでは、リーダーになるということは罰ゲームのような扱いになってしまうのではないでしょうか。

そうならないためにも、「尊敬され、愛される」リーダーが次々と生まれる職場にしなくてはならないのです。

「支援者」になりたいのか、それとも「支配者」になりたいのか

以前、研修であるリーダーから以下のような相談を受けました。

――一部の部下からも依頼がありましたし、部下のためによかれと思って、メンバー全員の作業状況を、進捗管理表を作って貼り出して〝見える化〟しました。毎週金曜日に作業進捗を全員に記入してもらっています。最初は皆、協力的でしっかり記入していたのですが、最近は半数以上が催促しないと書いてくれません。皆が喜んでくれると思ってやったのに、催促すると嫌な顔をされます。私はどうすればいいのでしょうか。――

このケースは、「このリーダーはチームにとって支援者であるのか、それとも支配者であるのか」が問われています。「支援者」と「支配者」の違いは「誰のために行動するか」というスタンスで決まります。

このケースの場合、**最初は支援者、つまり「部下のため」に行動**しました。しかし今は、現状のルールを守らせるという**「自分の役割を果たすため」に行動**しています。支援者だ

ったリーダーが、いつの間にか支配者に変貌してしまったわけです。

支援は支援される側が主役であり、中心となる関わり方は「傾聴」（ここでは相手の真意に耳を傾け、相手が成功者になる手助けをすること）が大切です。

支配の主役は支配する側であり、どんなキレイ事を言っても、その内容は指示・命令、強制が中心になります。議論の前から「落としどころ」（答え）は決まっていることも少なくありません。

果たして相談者は、「支援者」になりたいのでしょうか、それとも「支配者」になりたいのでしょうか。恐らく「支援者」になりたいはずです。そう考えると、おのずと答えは見えてくると思います。よかれと思って始めたやり方でも、今のような〝見える化〟はやめた方がいいでしょう。

チームから外れて見えてくる実態

このようにリーダーとしての役割が「支配者」になっているケースは多くの職場で見られます。私がコンサルをしているチームでそれが分かると、私はそのリーダーを一時的にチームから外すようにしています。

もちろん「あなたが問題だから外れて」と本人に直接言うわけではありません。「一度、自分のチームを外から客観的に見てはどうでしょう。問題点が見えてくるかもしれません」と話して外れてもらうのです。例えば、会議は参加しないでもらい、報告だけ受けるようにしてもらいます。

するとどうでしょう。大半のケースで、部下がこれまでにないほど活発に議論をし始めます。職場の士気も以前より上がります。たったそれだけのことで、職場は改善します。

これはリーダーに限った話ではなく、職場で力を持つ「影響力の強い人」にも効果的なやり方です。自分のことは意外と見えないもの。まずは**自分が「支配者」になっていないかを確かめましょう。**

◆覚えておきたい大事なこと

知らぬ間に「支配者」になっていないかを確かめる

1章についての内省

- □「チームの実情」を客観的に洞察できているか
- □「Do」を優先した対症療法ばかりしていないか
- □あなたのチームは「ガス欠」になっていないか
- □会議が「Be」の伴った問題解決の場になっているか
- □あなたの「協調性」の定義は正しいか
- □あなたの職場は「昭和的チームOS」に汚染されていないか
- □バイタリティーを前提としたマネジメントになっていないか
- □「強いリーダー」に憧れを持っていないか
- □あなたは「尊敬され、愛される人」になっているか
- □あなたは支援者？　それとも支配者？

第2章

「5つの条件」を満たし「3つの壁」を乗り越える

【チームの目標やゴール】

あなたのチーム、もしかして沈没船？

「チーム」とは、共通の目標を達成するために集まった集団を指します。では、どんな集団が優秀なチーム、すなわちグッドチームなのでしょうか。それを分かりやすく説明するために、チームを「船」に例えて話を進めていきます。

チームが船なら、「航海」は仕事になります。そして航海の「目的や目的地」は、仕事の「目標やゴール」に置き換えられます。

もしあなたが乗組員の1人で好きな船に乗っていいと言われたら、どんな船に乗りたいですか？「沈没船」や「漂流船」になる可能性がある船には、絶対に乗りたくないですよね。それこそ命に関わりますから。

目的地に着くとしても、やたらとスピードが遅い「低速船」はどうでしょう。後から港を出発した船に次々と抜かされていくのに、乗組員は焦ることさえなく、やる気のない航海を続ける。そんな船も避けたいでしょう。

一般的な速度で進む「中速船」なら、不満はありませんか？　どうも船内はそれほど快適とは言えないようですが、それでもいいですか？

そんな船が集まる港にひときわ目立つ船があります。いかにも速そうな船で、傍らで談笑している乗組員たちは仲がよさそうに見え、その立ち振る舞いからは経験豊富で優れたスキルを持つ集団に見えます。そんな船に乗組員の一員として温かく迎えてもらえるとしたらどうですか？　そうです。この「高速船」こそが優秀なチーム、すなわちグッドチームの船なのです。

現代は、こうした高速船が一人勝ちする時代になっています。

私が昨今とても危惧していることがあります。それは国内の競争よりもグローバルでの競争がより厳しくなってきていることです。

スイスのビジネススクールIMDが毎年発表している国ごとの競争力を示した「世界競争力ランキング」によると、日本はこの10年、20位前後をさまよっていましたが、ここ2年でぐんと順位を下げました（2018年には25位に、2019年には30位にまで）。

日本という船が「事なかれ主義」の昭和的チームOSから脱却できない「漂流船」や「低速船」に甘んじている間に、海外の高速船にどんどん追い抜かされているわけです。

皆さんはこの現実を認識しているでしょうか？　私はこの状況を変える最も有効な手段が、日本中のチームを高速船にすることだと確信しています。だからこそ、あなたのチームには高速船になってほしいのです。

沈没船――何の準備もなく勢いで出航するも、間もなく沈没
漂流船――目的地を決めず、とりあえず出航して漂流。いずれは沈没
低速船――準備をして出航するものの、スピードはかなり遅い
中速船――一般的なスピードで進むが、周囲との競争には強くない
高速船――圧倒的な速度で進む。乗組員の結束も堅い。競争に強い

これら5つのタイプの船は、実は船としての性能差はありません。印象は大きく異なりますが、**同じ船です**。**違いは**「**どんなチームになっているか**」です。高速船に乗っているチームは、左に示したグッドチームに必要な「5つの条件」と「メンバーの条件」のすべてを満たしています。

まず5つの条件から詳しく見ていきます。

〈 高速船（グッドチーム）に必要な5つの条件 〉

条件1 ビジョン、目的、目標が明確で腹落ちしている

この条件に当てはまらなければ「沈没船」もしくは「漂流船」となる。ただし、漂流船は航海中にこの条件を満たせば漂流から抜け出せる可能性も

条件2 メンバーの本気度が高く、やる気に満ちている

条件に当てはまらない場合は「低速船」となる。やる気がなければ個々のスキルがたとえ高くても、その力が発揮されない

条件3 メンバーの基本能力が高い

条件に当てはまらない場合は基本的に「低速船」だが、やる気はあるので能力やスキルをカバーして「中速船」になる可能性もある

条件4 本音を言い合える関係と場ができている

条件に当てはまらない場合は「中速船」

条件5 互いを信頼し、支援し合える関係ができている

条件に当てはまらない場合は「中速船」

〈 高速船に乗れるメンバーの条件 〉

「3つの壁」を超えられる力がある

条件に当てはまらない場合は「中速船」
条件を満たして「高速船」となる

「目的地が分からない船」に乗っていても危機感がない

最初の条件は、「ビジョン、目的、目標が明確で腹落ちしている」。

目的地がはっきりしない船に乗りたいと思いますか？　怖くて乗れませんよね。沈没したり漂流したりする船は、この条件1が曖昧なことが多い。

「何となくの目標」で走り出したプロジェクトが途中で頓挫したり、思ったような形にならなかったりしたことはありませんか？　それはやはり目的や目標を明確に決めていなかったことが原因でしょう。また、決めていたとしても、チーム全員で共有できていないことも多々あります。

私はよく、若手社員を対象とした企業研修で「あなたのチームのビジョン、目的、目標は何ですか？　あなた個人の業務目標ではありません。チームのです。答えられる方は挙手をお願いします」と尋ねています。

手を挙げる人は多くて2割。驚愕です。

残りの8割はチームの「ビジョン、目的、目標」をよく分かっていないのです。そして、そんな状況を誰もおかしいと思っていないのです。彼らに危機感は全く感じません。

こんな状況で仕事をしているなら、まさに「沈没船」「漂流船」に乗っているようなもの。今、どこにいるのか、どこに向かっているのか、この先どうなるか分からない船に、私なら怖くて乗っていられません。

一般にこの状態を「個人商店の集まり」と言います（詳しくは3章で紹介）。自分の仕事にしか興味がない状態です。これでは危機感が生まれないのは当たり前で、もちろんチーム力も発揮できません。

モチベーションが上がらないのも納得

しかし、これはまだ序の口です。

手を挙げた2割の人に「それを自分事として捉え、自分の言葉で語ることができますか？　できる人は手を挙げてください」と尋ねると、手を挙げる人はほぼゼロ。いても1人か2人です。

つまり、**若手の9割以上が「自分のチームのビジョン、目的、目標」を理解していないか、腹落ちしていない**のです。これだけでも十分つらい実情なのですが、この状態は個人のモチベーションにも大きく影響します。モチベーションをあらためて定義すると「内的動機付け」となります。〝自分事〟にならない「ビジョン、目的、目標」では、モチベーションになりません。〝やらされ感〟の強い仕事になることが多いのです。

あなたの船は大丈夫ですか？

あなた自身、先ほどの質問に手を挙げられますか？

この機会に今一度、考えてみてください。

◆覚えておきたい大事なこと

自分のチームがどこに向かっているか、あらためて把握する

【チーム内の人間関係】

立ちはだかるコミュニケーション「3つの壁」

前述した「高速船」（グッドチーム）に必要な5つの条件のうち、2「メンバーの本気度が高く、やる気に満ちている」と、3「メンバーの基本能力が高い」は、個人の意識や能力についてのものです。どちらも条件を満たせなければ、チームが乗る船は「低速船」になります。

条件2に当てはまらない場合、つまりメンバーのやる気がない場合は、どれだけ個々の能力やスキルが高くても、その力は発揮されません。「とりあえず一緒のチームにいる」という状態でしょうか。このようなチームは集中力に欠け、ミスも多い。

このため、条件3「メンバーの基本能力が高い」に当てはまらなくても、条件2を満たしている方が希望はあります。それぐらい「本気度」と「やる気」は仕事に大きく影響します。

条件4「本音を言い合える関係と場ができている」と条件5「互いを信頼し、支援し合える関係ができている」は、どちらも人間関係におけるものです。

条件1~3をクリアしても、この2つを乗り越えなければ一般的なスピードの「中速船」になります。

この条件をクリアするには「心理的安全性」が重要です。詳しくは以降の章で説明しますが、端的にいえば「心を許せる人たちがいる場所」です。そこでは本音が言えて、互いに助け合うことができる。メンバー同士が高め合いながら、協働できます。

ここまでの1~5は高速船に求められる条件ですが、さらに高速船に乗るための「メンバーの条件」も満たす必要があります。

最終関門といえる乗組員が越えるべき「3つの壁」です。

【3つの壁】

・「曖昧性」の壁
・「関係性」の壁
・「存在」の壁

3つの壁の話を始める前に、皆さんに理解してもらいたい大原則があります。

【コミュニケーションにおける大原則】
コミュニケーションは100%他者評価

コミュニケーションにおける〝事実〟は、「伝えたこと」ではなく「伝わったこと」。つまり「自分は言った、伝えた」と言っても、相手が「聞いてない、伝わっていない、分からない」という回答をした場合、その回答がコミュニケーションの結果、事実になります。

しかし、実際の職場でどのような光景が展開されているかというと、〝言った、言わない〟に無意味な時間が消費されることが多い。「なぜこんなことも分からないんだ！」と一方的に叱責する〝他責の光景〟もよく見られます。

なぜこのような問題が起こるのか。それはこれからお話しする「3つの壁」を越えられていないからです。つまり、この壁を越えられる人しか、チーム力を高めるコミュニケーションはできないし、高速船（グッドチーム）のメンバーにはなれないのです。

ここからは分かりやすさを考えて、リーダーを例に話していきますが、**全メンバー共通**

のものと考えてください。

【曖昧性の壁】——曖昧な指示・命令はミスを引き起こす

1つ目の壁は「曖昧性の壁」です。

チームで協働する際によくあるのは、「曖昧」な指示、説明、対応です。例えば、次の文章を見てください。

「原因を早期に検討し、検討結果を関係者に共有したうえで、課として全力で解決に努めようと思います」

何かを言っているようで、何も言っていない文章ですね。一つも具体性がありません。このような日常がまかり通っているのが日本の職場です。

例えば、上司から「とりあえず頑張ってみて」「やれるだけやってみて」などと、具体的な指示がないまま仕事を振られたことはありませんか?

「部下の自主性に任せている」と言いながら右から左へと仕事を押し付けてくる、いわゆる〝丸投げ上司〟です。このような上司は仕事のプロセスには関心がなく、求めるのは結果のみ。そして結果に対しては、あれこれ言ってくる厄介なタイプです。

このような曖昧な指示をする上司の下では働きにくいでしょう。同様に、曖昧な報告をする部下や同僚も同じです。どちらも「曖昧」であることを誰かが指摘しても、適当にお茶を濁してその場をやりすごす。「曖昧」がまかり通るチームは、それだけで仕事の効率や生産性が落ち、思い違いによるミスが出ます。

だからこそ、「指示・命令、報告、対応」は、定量的、定性的、論理性、5W1Hなどを十分に配慮し、言語化していく必要あります。

こうした実態は、どこかの調査会社がデータを取るまでもなく、多くのビジネスパーソンが体験したり、見聞きしたりしていることでしょう。グッドチームにおいては、このような「曖昧性の壁」を個々のメンバー（リーダーも含む）が意識し、確実に乗り越えていく必要があります。

【関係性の壁】――「信頼関係ができている」という思い違いも

2つ目の「関係性の壁」は、チーム内で「信頼関係」を築くことができるか否か、です。

本書では至るところで「信頼」という言葉が出てきますが、あらゆる仕事の場面の「根の部分」で信頼関係が影響してきます。数値化できないうえに、相手がいて、思い違いもあることから、自分で「信頼関係ができている」と思っていても、実は違っていることも多々あります。それだけに難しく、大きな壁です。

私は研修、講演、コンサルティングの現場で、参加者が所属する組織の実情を把握するためにシンプルな質問を使って問診を行っています。

最初に質問するのが「あなたの職場には信頼関係はありますか？」です。

人によって「信頼関係」の定義は異なりますが、それは特に問題ではありません。最も重要なのは、「自分の職場に信頼関係があるという実感を持っているか」ということです。

この質問をして、いったい参加者の何割ぐらいが手を挙げると思いますか？

答えは多くて1～2割。30人の研修なら3～6人。もっと少ないときもあります。

私は信頼関係を「人間の体」に例えて話すことがよくあります。信頼関係は人の細胞をつなぐ血管です。血管が切れていたり詰まっていたりすると、血液が細胞に行き届かず細胞は壊死(えし)します。実際の職場でもこれと同じことが起こっています。信頼関係のない職場は人が育たない、退職率が高い、メンタル疾患の問題が多いのです。

こうなると、成果を出すという話の前に、職場の健康が保てません。先ほどお話しした第1の壁「曖昧性」は、血液の量と質に関わります。「言葉が足りない」「抽象的」「曖昧」では、血液は流れているものの、ドロドロで質が悪い。この状態ではもはや、職場は〝死に体〟になります。

あなたの職場でも心当たりはありませんか？

さらに言うと、高い成果を生み出すためには、様々な問題を解決するための「メンバーの相互支援の力」が必要になってきます。ですから、**職場における信頼関係の強さは、そのまま組織のパフォーマンスの高低に直結します。**

「自己開示」と「他者受容」の姿勢を取る

ここで重要になるのが次の質問です。先ほど手が挙がった1〜2割の人に、「身近な同僚や仲間の、本当の悩みや課題を知っていますか？」と質問します。その瞬間、挙がっていた手がほぼ下がります。

職場における信頼関係は、「問題解決の質」に直結します。とても重要で本質的な課題は、実は個々のメンバーの心の中にあります。それに気づかず、表面的な対症療法ばかりをしているチームが多い。お互いの本音や本心を理解し、本当の悩みや課題を互いに話し合える関係性が真因解決（本当の問題解決）には必須なのに、です。

そのために私たちが日常的に取り組みたいことは「自己開示」と「他者受容」です。

自己開示とは、自分の内にある本音や自分が考える本当の問題点について、勇気を持って発言すること。ただ、どんなに勇気があっても他のメンバーやリーダーが否定的な態度では、やはり発言できなくなってしまいます。

そこで必要となるのが「他者受容」です。他者受容とは、批判的な視点や自分の考えとは別に、相手の意見をあるがまま受け入れる姿勢です。もちろん、価値観の違いは存在しますが、それも受け入れたうえで対等に向き合います。

この〝対等〟であることはとても大事です。

3つの壁の「壁」とは実のところ強制力やハラスメント意識も多分に影響しています。「この程度のことは理解できて当たり前」「目下の者（部下）は目上の者（上司）の言うことを聞くのが当たり前」といった、固定観念や先入観を客観的に洞察し、排除していきましょう。

自己開示と他者受容。この2つの取り組みを実践することで、信頼関係を構築できる自分になっていきます。

あなたは職場と職場の仲間を信頼していますか？

そして、あなた自身は職場の仲間から信頼される存在になっていますか？

それは本当にそうでしょうか？

◆覚えておきたい大事なこと

「曖昧なやり取り」と「希薄な関係」を解決する

【働いているときの態度】

リーダーが特に意識すべき「存在の壁」

3つ目は「存在の壁」です。

この壁を乗り越えることが、ただの集団（烏合の衆）から相乗効果を生み出せる集団（グッドチーム）になるための肝になります。

まずは、実例を用いてお話ししましょう。

私はある企業から、離職率が高く業績も上がらないチームの立て直しを依頼されました。そこで私はそのチームの皆さんと話をするため、職場に伺いました。

まずはチームリーダーに別室で待機してもらい、その他のメンバーの皆さんと雑談を始めることにします。問題だらけのチームと伺っていたので予想はしていましたが、案の定、雰囲気は最悪でした。皆、生気を失っていて無表情。目の前にいる私を見ようともしません。私はそんな状況でも接し方はいつもと同じ。笑顔で元気よく、そして一人ひとりの顔を見ながら話をします。

まずは私から自己紹介。最近あった楽しかったことや失敗談を数分。ざっくばらんに、ため口に近い言葉遣いで話します。そうこうするうちに、メンバーの硬い表情も徐々に緩んでいきました。その状況を見ながら、メンバーの最近楽しかったことや困ったことなどを質問していきます。

その様子から、温度差はあれ、素の性格が暗いわけではないことが分かります。職場という場所が、彼らを暗くしているだけだと確信しました。

質問に対するお互いの回答を聴きながら、初めて知るメンバーの素顔に、驚きながらも笑みがこぼれるようになっていきました。しばらくすると笑い声も聞こえるようになったのです。

リーダーの登場で、場が一瞬で凍りついた

そこで「この〝笑顔が生まれる場〟こそ、グッドチームへの第一歩です」と説明すると、「なるほど」と、皆が大きくうなずいてくれました。

場の空気が和んだところで、私は待機してもらっていたリーダーを呼びました。ドアが

開き、リーダーが入ってきた途端、一瞬で今までの和やかな雰囲気が消えたのです。リーダーが席に座る。皆がリーダーの顔色をうかがう。場の空気が一瞬で凍り、何ともいえない緊張感が走る。私の質問に対してあんなにざっくばらんに答えていたのに、リーダーが来たとたん、言葉を慎重に選ぶようになりました。

もうお分かりですね。このチームが抱える最大の問題は、リーダーだったのです。

私は話していて分かりました。**「リーダーの存在そのもの」**が、大きくマイナスになっていることを。部屋に入ってきたとき、リーダーは不機嫌そうな顔をしていました。その顔を見たメンバーは、リーダーがまとう威圧的なオーラに萎縮しているようでした。

コミュニケーションにおいては、「何を話したか」より、「どう見えているか」の方が、人に与える影響が大きいといわれています。

そして、前述しましたが、コミュニケーションは100%他者評価です。本人がどう思おうと、他者から「どう見えるか」が、コミュニケーションの事実になります。

私が立て直しを依頼されたチームは、リーダーの不機嫌で威圧的な態度に問題がありました。**チームの雰囲気はリーダーの影響力だけで決まるものではありませんが、その他のメンバーに比べると何倍も大きい。そのことをリーダーは肝に銘じておくべきです。これ**

は学校における教師、団体における長、家族における親も同様です。影響力の大きいリーダーの態度次第で、その場が支配されることを常に心に留めておいてください。この例のような居心地の悪さは、脳を萎縮させ、創造的な活動を阻害します。

「チームからいったん離れ、私と一緒に観察してくれませんか」

さて、こうしたチームの場合、何をすればいいか。それはリーダーをチームから外すことです。もちろん、問題がメンバーにあれば、同様に外します。

ただし、私の場合は、対象者であるリーダーやメンバーには「あなたに問題がありますす」とは伝えません。「チームビルディングは新たな取り組みです。ですから、今までにやったことのないことをします。あなたにお願いしたいことは、いったんチームから離れ、私と一緒にチームを観察して、気づいたことを教えてほしいのです」と伝えます。

最大の狙いは、問題のある**対象者に「気づき」を得てもらうこと**。自発的に自分を変えてほしいからです。それに必要なのは、情報や知識ではなく「気づき」です。

私なりに「気づき」を定義すると「客観的な視点で自己の課題や変化の必要性を理解、

発見すること」となります。

気づきの目的は、「他責」にせず、「自責」の考え方で、自分自身が変化する覚悟と行動をしてもらうこと。そのために重要なポイントは「事実と体験」です。言い訳や屁理屈の入り込む余地のない現実と対峙してもらうわけです。

チームから外れ、客観的にチームを観察すると対象者はあることに気づきます。自分がいるときはチームの雰囲気は重苦しく、特定のメンバーしか発言しない。ところが自分がいない場では、皆が明るく、和気あいあいとしている。口数が少ないメンバーも楽しそうに意見を言っている――。

さらに対象者が外れた状態で業務を進めてもらうと、多くのチームで成果をしっかり出すようになる。中には明らかに大きな成果を出すようなチームもあります。

チームから外れた人には、様々な感情がわき上がります。リーダーであれば、「これまでチームの成果を上げるために粉骨砕身、檄を飛ばし、的確に命令し、細かな事も漏らさずチェックしてきた。なのに、自分がいない方が成果が上がる？　いったい何なんだ！」。外れたのがメンバーであれば、「自分はメンバーとして最低限のことはやってきたし、チームの足を引っ張るようなことをした覚えはない。なのに……」と。

ここでようやく「自分の存在」と対峙することになります。

そして、自分がチームにとって「ネガティブな存在」であるという事実を受け止めることになります。

これが「気づく」ということです。

断言しますが、**こうした気づきを伴わない研修やコンサルは、組織やチームを変えることができません**。**この気づきを得ることで、人は初めて聴く耳を持ちます**。

多くの場合、問題の中心にいるリーダーやメンバーのマインドは「自分はできている。自分には問題はない」というものばかりです。そんな状態で、研修をしたり、知識やノウハウを提供されたりしても、左から右に流れてしまう。当たり前ですね。自分はできている、やっていると思っているのですから。

チームにとって「ポジティブな存在」になる

最後に私は、自分の問題に気づいた彼らがチームに戻るための条件をいくつか提示します。ここではその中で最も重要なことを一つだけお話しします。

それは「笑顔でいること」です。

こう話すと「なんだ、そんな簡単なことか」と思う人がいると思います。その通り、「何だ、そんなこと」です。至極、当たり前のこと。ですが、あなたは、職場にいる1日の何割ぐらいを笑顔で過ごしていますか？

「職場で笑ったことがない」「ほとんど無表情でいる」など、日本の職場は本当に笑顔が少ないのです。

また、笑顔は手段であって目的ではありません。**目的はチームにとって、あなた自身が「ポジティブな存在」でいることです**。笑顔でいることは私たち皆がポジティブな存在になるために最も有効な手段なのです。

何度も言いますが、コミュニケーションは自己評価ではなく100％他者評価です。あなたがどんなに自分はポジティブな存在だと主張したところで、周りの仲間がそう評価しなければ、それが現実なのです。

先日、若手社員（入社5年目）を対象としたあるセミナーで、**「上司はポジティブな存在か」と尋ねたところ、何と8割がネガティブな存在と答え、さらに「常にパワハラに近い」という人までいました。**

そんな答えをする若手社員に上司のイメージを聞くと、その多くが「いつも不機嫌そうな顔をしている」と言うのです。では、本当に上司はいつも不機嫌なのか? 実のところ、そうではないと思います。しかし、不機嫌そうに見える。それはなぜか?

1つ目は、ほとんどの人が笑顔の重要性を認識していないからでしょう。だから「笑顔でいる」ということを実践していません。

2つ目は、その上司にとって今の職場は笑顔になれる場ではないから。つまり、上司自身も楽しくないのです。

中間管理職は上からは大きなプレッシャーを受け、下からは突き上げをくらいます。メンバーが自発的に動いてくれないというジレンマやストレスもある。常に「板挟み状態」であることが多い。楽しくないのもうなずけます。

3つ目は、表情筋のたるみです。私たちは表情筋という筋肉によって表情を作りますが、この表情筋を鍛えないとどうしても無表情になりがちになります。顔の筋肉を使わないとどうなりますか? どんどんたるんでいきますよね。結果、普通の状態が「不機嫌そうな顔」になるわけです。

〈 「笑顔」における質問 〉

- □ 1日のうち、どれぐらい笑顔で過ごしていますか?
- □ 働いているとき、無表情でいることが多くないですか?
- □ 「話しかけにくい」「近寄りがたい」と言われたことはありませんか?
- □ あなたの周りは「笑顔」であふれていますか?

鏡を見ながら口角を上げる「顔の筋トレ」を

これについては改善策は分かりやすい。表情筋のトレーニングをしましょう。口角を思いきり上げて笑顔を作ってみる。実際に鏡を持って、自分の顔を見ながらやってみてください。表情筋を鍛えると、自然と普通の状態でも口角が少し上がるようになります。結果、ほほ笑んでいる表情を手に入れられます。

イメージしてください。不機嫌そうな人が目の前にいるのと、楽しそうにほほ笑んでいる人が目の前にいる違いを。それだけで、職場の雰囲気は大きく変わります。もちろん、笑顔だけで雰囲気が決まるわけではありませんが、これが第一歩だと考えてください。

実際のコンサル現場では、対象者に鏡を買ってきてもらい、笑顔を作る練習をします。その後は鏡を職場のデスクにおいてもらって、鏡を見たら口角を上げるという習慣を身に付けてもらいます。正に顔の筋トレです。

バカにしてやらない人もいます。ですが、結果は歴然です。真面目に取り組んだ人の雰囲気は見違えるほどに変化します。

職場にとって自分自身がポジティブな存在になるために「笑顔」という「自己演出」をする。これはあらゆる集団（職場、学校、団体、家庭）で効果的な取り組みです。

職場は「自分が変わった分しか変わらない」

私はよく「組織や職場は自分が変わった分しか変わりません」と言います。あなたの見ている景色は、あなたが作っています。

こう話すと「自分を変える必要性をそれほど感じません。笑顔を無理に作って何か変化はありますか？　それと、自分が変わっても周りが変わらなければ意味がないと思います」と言う人がいます。

このような人は、チームに積極的に関わろうとしません。ですが、実はチームにとって

最もネガティブな関わり方は、この「何もしないこと」です。

自分の表情ひとつ変えられない（自己演出できない）人は、他の何も変えられません。

「自分で変えられない人生」でいいのでしょうか。

「何もしない」ことを現状維持だと思わないでください。「何もしない」は、それだけでマイナスに働いていることが多いからです。

◆覚えておきたい大事なこと

自分を「ポジティブな存在」に変える第一歩は「笑顔を作る」こと

2章についての内省

- □ あなたのチームは「沈没船」や「漂流船」になっていないか
- □ あなたのチームの「目標」や「ゴール」は明確か
- □ 「3つの壁」を越える努力をしているか
- □ 「発言が曖昧」と言われたことはないか
- □ チームメンバーから信頼されているという実感はあるか
- □ あなたが心から信頼するメンバーはチーム全員か
- □ 他者の意見を否定せず、受け入れているか
- □ 「自分の本音」を勇気を持って語っているか
- □ あなたはチームにとって「ポジティブな存在」か
- □ あなたは1日のどれくらい「笑顔」で過ごしているか

第3章

「4段階のプロセス」を経てチームは成長する

【チームビルディングの定義1】

「成果を出す」より大事なこと

私が提唱するチームビルディングは3つの定義から構成されます。

チームビルディングとは、「成長と成果を生み出す器（チーム）を創ること」（定義1）、「チームを成長させる土台となる関係性と場を作ること」（定義2）、「チーム成果の源泉となるエネルギーとシナジーを創ること」（定義3）。

これら3つを、一つずつ説明していきます。

まずは定義1の「成長と成果を生み出す器（チーム）を創ること」は、最も重要な「チームビルディングの目的」になります。ここで注目してほしいのは、「成長」と「成果」の2つを挙げていること。どちらか一方が欠けてもいけません。

例えば「成果を出す」という点だけであれば、「テンション型（外的な力）マネジメント」も選択肢の1つになります。テンション型マネジメントとは、上司が権力を使って部下を強引に動かすもので、部下は上司の言うがままに動かされます。「とにかく、言った

〈　チームビルディングの3つの定義　〉

チームビルディングとは、

定義1　**成長と成果を生み出す「器」(チーム)を創ること**

定義2　**チームを成長させる土台となる「関係性」と「場」を作ること**

定義3　**チーム成果の源泉となる「エネルギー」と「シナジー」を創ること**

通りにやれ」と直接的に指示・命令されるケースもあれば、「よく考えて行動してくれ」などと、有無を言わせない雰囲気を作り、暗黙の了解として強制的に動かされるケースもあります。

こうしたテンション型マネジメントは、やれば確実に成果が上がると分かっているケースであれば結果が伴います。部下は理不尽な思いを抱きますが、それでも成果は出ます。そして、その結果に対して上司は満足します。

ただ、今の時代、このテンション型マネジメントは通用しませんし、逆効果になります。

そもそもテンション型のマネジメントで生まれる成果は、一過性のものに過ぎません。〝その場しのぎ〟とも言えます。そのうえ副作用がすさまじい。部下の疲弊、モチベーションの低下、メンタルの失調、離職などを生み出します。これは1章で説明した「時代にそぐわない昭和的チームO

S」の上で動くチームと同じ弊害です。

「成果」以上に重要なのは「成長」です。ここで大事な考え方は、「チームは成長する」。そして「チーム成果はチームの成長の結果である」ということ。チームが成長していかなければ、結果を「出し続ける」ことはできません。

さらにチームは、長く一緒に働いていれば自然に成長していくものではありません。後ほど4段階の成長プロセス（タックマンモデル）を紹介しますが、各段階でそれぞれ課題があり、それを乗り越えていく必要があります。

このことからチームマネジメントの本質が見えてきます。**チームマネジメントとは4段階の成長プロセスで発生する課題を解決しながらチームを成長させていくことです**。経験則以上にチームビルディングの重要な原理原則を理解しなければチームマネジメントはできません。

赤ちゃんに「重いダンベルを持て」と言えますか？

結成当初のチームは「赤ちゃん」と同じです。そこから成長を主としたチームマネジメ

〈　チームが壊れるとき　〉

目標を達成できない日々が続くチームは
失望感　不安感　不信感
無力感　絶望感
などが増していく
そして、最終的に**壊れる**

ントを行うことで、赤ちゃんから子どもへ、子どもから青年へ、青年から大人へと成長していきます。ですが、日本のチームマネジメントはこの「成長」という概念が欠落しています。そのため、何年たっても「赤ちゃん」のままのチームが少なくありません。

それなのに経営層は、その赤ちゃんチームに大人チームと同じ高い目標を課します。目標を重りに例えると、赤ちゃんが持てる重りはせいぜい500gくらいでしょうか。大人であれば20kgくらいは持てますか。これは赤ちゃんにいきなり「20kgのダンベルを持ち上げろ」と言っているのと同じです。もし、赤ちゃんに無理やり持たせたらどうなるか。当然、大けがをするでしょう。

つまり、チームを成長させないまま、チーム状態に合わない過大な目標を課すと、チームは壊れてしまうのです。

当然、目標を達成できない日々が続けば、チーム内に

「失望感」「不安感」「不信感」「無力感」「絶望感」などが増していきます。そんな状況になっても「成果が出せない赤ちゃんチーム」に対して、尻をたたき続けるリーダーがいます。そうなると最悪です。病んでいくメンバーが続出し、チームは崩壊へ向かいます。

成果が出ないのは無能な部下のせい

さらにチームが崩壊しても、リーダーは「私は最善を尽くしている」と言い続け、「成果が出ないのは無能な部下のせい」と原因を部下に押し付けます。そして「使えない部下はいらない」と文句を言っては異動させ、新たなメンバーを入れて同じことをする。それはもう〝他責のオンパレード〟で、不幸な連鎖は終わることがありません。

チームビルディングは「チームを成長させる」ことが最優先です。そして全員参加が鉄則です。これはリーダーだけでなく、チーム全員が持っておくべき意識です。先ほどの例だと、チームが〝大人〟に成長できれば恒常的に20kgのダンベルを持ち上げることができます。そうなれば、尻をたたくリーダーは不要です。

なお、1章で解説した「昭和的チームＯＳ」における優秀なリーダーは、「いかに強く、いかにうまく尻をたたけるか」で会社からの高評価を得ていました。そんな方法でも一時的に成果が出れば「それでよし」とされていたからです。今の時代、昭和的チームOSがどれだけ時代錯誤か分かると思います。それでもいまだにこのようなリーダーが多いのも事実です。

「企業経営において最も重要な目標」は、短期的な成果よりも企業や組織を10年、100年と永続的に発展成長させることです。**そのための礎となるのは、「成長し続ける社員」であり「成長し続ける組織」です**。それなしに企業は永続しません。

それなのに、今の日本企業の最大の悩みは、「人材が成長しない」ことにあります。困ったことに、その対策の多くは「研修メニューの拡充」や「Eラーニングなどを含む学習環境の充実」になっています。これらはすべて「Do」（やり方）であり、根本的な「Be」（あり方）を解決しなければ、未来につながる効果は出ないのです。**最大の問題はコンテンツではなく、職場に人を育てるBeがないことです**。

日本の企業やビジネスパーソンは、諸外国と比べて能力開発に対して投資を惜しむ傾向があるように思えます。

2章で紹介したパーソル総合研究所が発表した「APAC就業実態・成長意識調査

（2019年）」から、より日本の実態が浮き彫りになります（APACは日本、中国、韓国、シンガポール、オーストラリアを含む14カ国）。

ここでは「あなたが自分の成長を目的として行っている勤務先以外での学習や自己啓発活動についてお知らせください」という質問から、気になる項目をご紹介します。

まずは「研修、セミナー、勉強会への参加」です。14カ国平均が36・9％に対し、日本は13・6％で、13位の香港（24・4％）から圧倒的に数値を下げ最下位となっています。

さらに特筆すべきは次です。

「とくに何も行っていない」。**14カ国平均が13・3％に対し、日本は46・3％でこちらも大差で最下位**です。ちなみに13位はニュージーランドで22・1％。約半数の国は一桁台でした。

これが何を物語っているか、真剣に考えなければなりません。

達成感や喜びがない職場やチームでは、前向きなマインドやモチベーションは生み出せません。皆さんも記憶にあると思いますが、「夏休みの宿題」はどうでしたか？　私は嫌々やっていた派でしたが、同じような人も多いと思います。夏休みの最後の数日で嫌々ながらやった宿題の内容を覚えていますか？　そこで学んだことを何かに活かせていますか？

もちろん、趣向を凝らした素晴らしい夏休みの宿題もあると思いますが、興味が全く持てずに強制的にやらされる宿題は、やらされる側にとっては〝不毛〟としか言えないでしょう。単に研修を増やしたり、学習環境を改善しても効果は得られないのです。

大事なことなので繰り返します。

重要なのは「成果」の前に「成長」です。チームは成長してこそ、継続した成果が生み出せます。大きな成果を強く求められているチームであればあるほど、ここを見失わないようにしてください。

◆覚えておきたい大事なこと

「成長」なしに「継続した成果」は出せない

【チームビルディングの定義2・3】

チームをすくすく成長させる「土作り」

チームビルディングの定義2「チームを成長させる土台となる関係性と場を作ること」は、チームの成長を促す重要なカギです。

そもそも、チームの成長とは何か？ 結論から言うと「高いパフォーマンスが出せる」「高い競争力がある」「高い創造性がある」といった、チームが高みを目指すための要素を具現化していくことです

これらを具現化していくには、チームを構成するメンバー一人ひとりが自分の能力を活かし、存分に実力を発揮していかなければなりません。さらに、チームメンバー間の関わり合いによって「相乗効果」（シナジー）を生み出し、**「1人では生み出せない創造的成果」を生み出すことが必要になります**。

そんな創造的成果を生み出すために、定義2の「メンバー間の関係性」や「（チームという）場」を作る必要があるわけです。

土台になるのは「信頼関係」と「安全な場」

「関係性」とは、1、2章でも説明した「信頼関係」です。信頼関係は、相手に嫌われていない「平穏な状態」を維持できていれば〝何となくある〟と勘違いしている人がとても多い。ですが、それは信頼関係ではありません。はっきり言いますが、信頼関係は「何となく」では絶対にできません。

信頼関係を築く具体的な方法は、5章の「チームビルディングのステップ3」で紹介しますが、ポイントは**「相手に興味を持ち大切に思うこと」**と**「相手が心から望むことを受け入れ支援すること」**の2つです。もしあなたがあなたのチーム（職場、学校、団体、家庭）をよくしたいと思うのであれば、チーム全員で「信頼関係の強化」を優先順位のトップに置いて取り組みましょう。もちろん、あなた自身が率先垂範してください。

「場」とは、「安全な場」です。安全な場とは私が作った造語です。意味は「非難否定のない本音が言える、言い合える場」のことです。この「安全な場」については同じく5章の「チームビルディングのステップ2」で詳しく解説します。

こうした、「信頼関係」と「安全な場」は、グローバルリーダーシップで常識になりつつある「心理的安全性」と言われるものと同等のものです。心理的安全性は、米グーグルをはじめとする多くの先進企業で取り組まれており、高いチームパフォーマンスを生み出すために必須であることが証明されています。

心理的安全性は、過度なトップダウン組織には全くないものなので、日本は昭和的チームOSを使い続けている限り、世界と戦える高いチームパフォーマンスを生み出すことは不可能と言えるでしょう。

心理的安全性とは、それほど重要なものなのです。

これは経営者やリーダーだけが意識する問題ではなく、教師や親、つまり**指導的立場にいるすべての人に問われていること**を理解してください。

また、指導的立場になってから取り組んだのでは遅いということも覚えておきましょう。心理的安全性は無意識に取る行動レベルに求められるものなので、一朝一夕にはいかないのです。

私たちが求められていることはアプリの入れ換え（ノウハウや断片的な知識の習得）ではなく、OSのバージョンアップ（マインドの変革）であるということを念頭に、この先を読み進めてほしいと思います。

あなたは本気で仕事をしていますか？

最後は定義3「チーム成果の源泉となるエネルギーとシナジーを創ること」です。植物がすくすく育つための必須要素は土壌がよいこと。チームも同じで、チームがすくすく育つ「土作り」が重要になります。

この土作りは、前述の定義2「チームを成長させる土台となる関係性と場を作ること」なので、定義2を十分に満たすことができれば、定義3のエネルギーやシナジーを生み出す前提が整います。

ここでのエネルギーは「本気度」という活力で、シナジーは「相乗効果」という活力を示します。

「本気度」は、高いモチベーションから生まれる極めて強い目標達成意欲と言い換えられます。もし、あなたに「仕事を本気でやっていますか？」と質問したら、あなたは「はい、やっています！」と即答できますか？

私はこれまで何千人ものビジネスパーソンにこの質問を投げかけてきました。反応は似たり寄ったりで、目が泳いだり、遠くを見たりと、「本気でやっているのかな？」と考え込んでしまい即答できない人が多いのです。

さらに「仕事に対してどのような姿勢で取り組んでいますか？」と聞くと、ほぼ「一生懸命やっています。頑張っています」と返ってくる。

何が言いたいかというと、「本気かどうか」には即答できなくても、「一生懸命、頑張っている」とは言えるわけですね。国民性と言ってしまえば、それまでですが、私たちは〝やらされ感〟があっても、納得していなくても、とりあえず一生懸命に頑張るのです。

まさに「事なかれ主義」が生んだ習慣といえます。そして、その一生懸命さは自己満足の域を越えません。

事なかれ主義は、平時なら問題なく機能するかもしれませんが、経営状況が悪化した窮地のときや、天災やパンデミックなどの**有事の際には、機能停止や過度な画一行動になる**元凶の1つになります。

かつては「イノベーションを起こす国」だったが

さらに、重大な問題があります。日本は昭和30年以降、高度経済成長を遂げ、高い技術力を背景に世界を席巻する製品を次々と生み出して経済大国としての地位を固めました。まさに「イノベーションを起こす国」だったのです。しかし、バブル崩壊後から平成、令和と進んだ今はどうでしょう。イノベーションからかけ離れた「ちょっとした改善」に終始する国に成り下がり、転落し続けています。

これはどうしてか。私たち日本人の能力が急激に低下したのでしょうか。そんなことはありません。能力が低下したのではなく、「本気度」が不足し、自分たちの力を発揮できないでいるのです。

イノベーションを生み出すために最も重要な能力は、創造性です。1を1・2にする改善ではなく、0から1を生み出すためにいかに創造性を活性化させるか。私たちがこれからの時代を生き残るための最大のテーマがこれなのです。

では、創造性をどうやって活性化させるか。それは実は簡単です。本気になればおのずと創造性のスイッチは入ります。

例えばこんなシーンを想像してください。今、あなたには本気で達成したいこと、実現したいこと、あるいは貢献したいことがあります。「世界に通用する製品を作りたい」「世界でナンバーワンになりたい」「まだ業界で誰もやったことがないビジネスを展開したい」「多くの困っている人たちを救済する仕組みを作りたい」などの、考えただけでワクワクし、心躍る、どうしても、そして絶対に実現したいものです。

こうしたことを本気で考えるようになると、それを達成するためのアイデアを創造するために脳はフル回転をし始めます。無意識下でも常に解決策を探すようになる。食事をしていても、お風呂に入っていても、です。寝ていても夢にまで出てきます。

そこまで考え続けているとあるとき、「あ！　こうすればいいのか！」と解決策につながるアイデアやイメージが生まれます。

これは誰にでも起こります。そんな「本気で考える」メンバーが集まってディスカッションを始めれば、常識の殻を破り、既成概念や既存ルールをくつがえした、正にイノベーションと呼べるアイデアが出てきます。

一方、いつも通りの半強制化されたミーティングで、出席者のほとんどが事なかれ主義でディスカッションを行ったらどうでしょう。無難で凡庸なアイデアに終始し、何も決まらないか、決まってもちょっとした改善策になるのが関の山ではないでしょうか。

チーム成果は「Ｂｅ×Ｄｏ」の掛け算で得られると説明しましたが、**どんなに情報があったり能力が高くても（Ｄｏ）、本気度（Ｂｅ）が低ければ、イノベーションや付加価値**

の高いアウトプット（チーム成果）は生まれません。

ここまでの3つの定義で説明した要素は、どれか1つを高める「部分最適」では意味がありません。すべてを高める「全体最適」が必要です。

この定義をまず、徹底的に自分の言葉で語れるほどに深く理解してください。

◆覚えておきたい大事なこと

「心理的安全性」を創り出し、チームを好転させる

【チームの成長プロセス 第1段階「形成期」】

チームを4つの段階で成長させていく

チームは4つの成長段階を経て大きな成果を出せるようになっていきます。

これから解説するチームの成長プロセスは、米国の心理学者タックマンが提唱した「タックマンモデル」をベースにしていますが、私の長年の経験と検証によって再解釈したものになっているので、多くはオリジナルの内容になっています。

では説明していきましょう。

成長の段階は以下の4つです。

第1段階「形成期」(チームの土台を作る時期)
——チームの結成・様子見

第2段階「混乱期」(互いの特性を知るための時期)
——意見のぶつかり合い、個人の主張

第3段階「標準期」（チームとしての規範や関係性が作られる時期）
——個人の役割とチームの決まりごとが明確になる
第4段階「達成期」（チームとして最も成熟した時期）
——能力の発揮と成果達成

この4つの段階を経て最強のチーム、すなわち「グッドチーム」へと成長していきます（次ページ図）。

では、簡単に各段階について解説していきます。ここでお願いしたいのは、内容の理解というよりも、「自分のチーム」（職場、学校、団体、家庭など）を思い浮かべながら読み進めてほしいということ。自分のチームが今、どの段階にあるかを洞察してみてください。問題解決において最も重要なことは、解決策を生み出すこと以上に、「現実」を正しく、かつ深く知ることだからです。

それができていなければ、いかなる解決策も無意味になることが多い。**日本の組織活動で最も大きな問題は、洞察力の欠如から、解決策のほとんどが対症療法になっていること**です。

〈　チームの成長プロセス4段階　〉

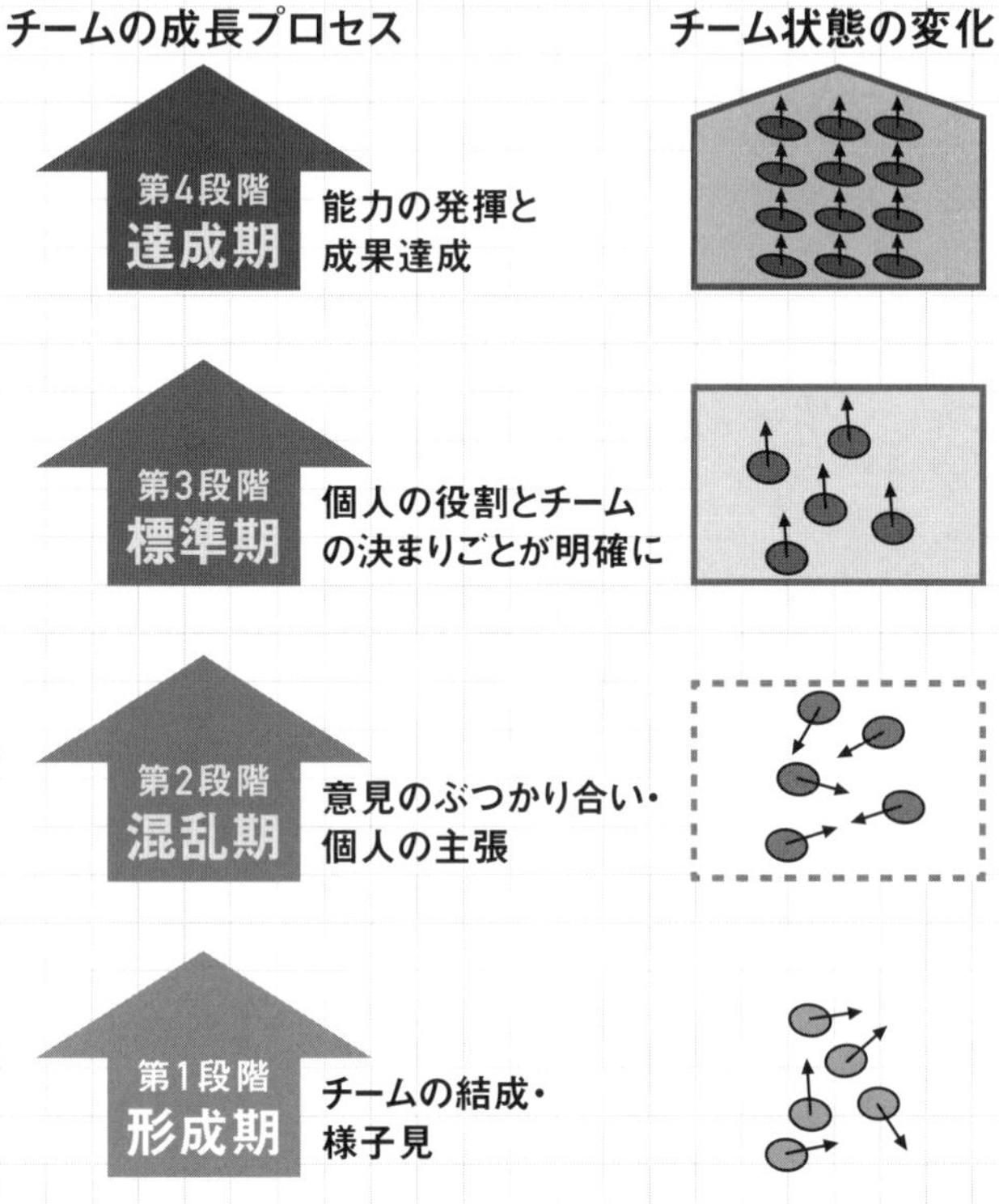

チームの成長プロセス

チーム状態の変化

第4段階
達成期
能力の発揮と
成果達成

第3段階
標準期
個人の役割とチーム
の決まりごとが明確に

第2段階
混乱期
意見のぶつかり合い・
個人の主張

第1段階
形成期
チームの結成・
様子見

! チームは4つの段階を経て成長していく

一見効果がありそうな対症療法の連発は、そのまま組織のパフォーマンスや生産性の低下に直結します。チーム創りにおいても、意味のないルールが増えたり、モチベーションを消してしまうような管理強化が行われたりする傾向があります。

「行動」は目的ではなく「手段」です。取ろうとする行動が本当にチームの成長に役立つのか、**特定の個人の考えではなく、チームとしての承認が重要です。**

第1段階の形成期は、「個人商店の集まり」

さて、本題に戻りましょう。各段階を一つずつ解説していきます。まずは第1段階の「形成期」から。

一般的には部や課、あるいはプロジェクトといった「器」に、「人」が配属されることによってチームが生まれます。このチームの土台を作っている時期が「形成期」です。この時期は「チームの目標や目的」「仲間の人間性や能力、強み弱み」などをチームメンバーがまだ明確に把握していないので、個々のメンバーの向いている方向はばらばらです。

また、チームメンバーはそれぞれ、遠慮がちに行動し、腹を探り合ったりします。

この状態を私は「個人商店の集まり」と呼んでいます。

どんなチームでも最初は「個人商店の集まり」から始まります。前述したように、チームは時間と共に勝手に成長することはありません。この状態では「とりあえず自分に与えられた業務をひたすら実行する」ことが日常になります。そんな状況でも、自分たちは十分な仕事をしているという実感を持っていますし、個人に限定すれば一定の成果も出ます。

しかし、他のメンバーとのコミュニケーションやチームとしての活動があまりないままに時間が経過すると、もともと希薄だった関係性がさらに弱まり、他者とコミュニケーションを取る必要がない、「他人に興味がない集団」へと変容していきます。

集団になると「他力・他責」の習慣的価値観に襲われる

また、この第1段階の「形成期」に適用される理論があります。それは「綱引き理論」で、集団の人数とパフォーマンスの関係を簡潔に説明しているものです。

1対1で綱を引くとき、個々の能力発揮は96%以上といわれています。ほぼ、持てる能力を発揮できているわけです。ところが3対3になると個々の能力発揮は80%に、8対8

になると何と個々の能力発揮は50%を割り込みます。とはいえ、この状況で「皆さん、一生懸命にやっていますか?」と声をかければ、「もちろん、一生懸命やっています！ 頑張っています！」と全員から返ってくるでしょう。ではなぜ、このような現象が起こるのでしょうか?

答えは簡単です。**意識・無意識にかかわらず集団においては「他力・他責」の習慣的価値観に襲われるからです**。

【他力】 誰かが何とかするだろう
【他責】 自分ひとりやらなくても大丈夫だろう

やっかいなのは、意識的に手を抜く人以上に、無意識に手を抜いてしまう人が圧倒的に多いこと。それは日常で当たり前のように見られます。

身近なミーティングの風景を思い出せば分かりますよね。特にリーダーが強く仕切れば仕切るほど、他のメンバーは他力、他責になり、リーダー依存、指示待ちになります。そしてトップダウンが強い風土や環境に長くいればいるほど、この無意識の習慣が強化されていきます。そうなると個々がどんなに優秀でも、チームとしては機能しなくなります。

例えば、「両親が厳格で学校を卒業するまで親が敷いたレールの上を歩んできた」「学生時代はいつも、学校や先生の都合で勉強や行事をやらされていた」「会社の上司は一方的に命令し、従わないと明らかに嫌な顔をされたり、叱責を受けたりした」というような経験をすると、がっちりと**「他力・他責マインド」**がセットされていきます。これは昭和的チームOSの中核的な価値観といえます。

個々が損得で動くようになると、様々なリスクが高まる

さらに困ったことがあります。個人商店化した状態において形成される、個々の行動動機の中心にある価値観が**「自分の損得で動く」**ようになるというものです。

「自分は損をするのか、得をするのか」「自分が責任を取ることになるのか、ならないのか」。チームや会社、または社会の利益とは真逆の「個人の利益を最優先する」ようになる。気づいた人もいると思いますが、これはコンプライアンスのリスクを高めるのと同時に、忖度の温床を作り出します。

このほか、他人に興味がなくなることで、人間味のある関係や関わりがどんどんなくなっていきます。結果、メンタルヘルスのリスク、つまりうつ病になる危険性が高まります。

このような社会問題は実のところ、私たちの「人との関わりの積み重ね」によって顕在化しているのです。そして私の認識する限り、日本のあらゆる集団（職場、学校、団体、家庭）の8割以上がこの第1段階にとどまっています。第2段階にすら行っていないのです。そんな状態では、グッドチームが生まれることはありません。

◆覚えておきたい大事なこと

8割が抜け出せない、第1段階の形成期

【チームの成長プロセス 第2段階「混乱期」】

「8割の壁」を突破した先に待っている対立

8割が抜け出せない第1段階の「形成期」から第2段階に進むには、チーム全員で「どんなチームを創りたいか」という議論を徹底的に交わし、皆が納得するチーム像を共有し、そのうえで必要なチーム規範やルールを決めていくことが必要です。「皆が平等に貢献すること」を全員で意識し、チームが一丸となって動くように心がけます。

実はこうした「当たり前のこと」ができていないチームがほとんどです。**「目標を達成するために、いつまでに何をする」ということばかりを話し合っていて、チームの方向性を定める「どんなチームを創りたいか」は議論しません**。「皆、何となく分かっている」と思っていても、実際は全く違う考え方をしていることが多いのです。

「どんなチームを創りたいか」は、何度話し合ってもいい議題です。チームに新しい人が入ってきたり、関係者が変わったりしたときは再確認の必要があるし、会社やチームが置かれている状況が変われば、それによって目指すチーム像も変わってくると思いますので、定期的に話し合ってください。

互いの強みを活かし、弱みを補い合うチームに

第2段階の「混乱期」は、チーム力を生み出すための準備段階として重要な「互いを知ること」が目的となります、具体的には、チームメンバーがそれぞれ、お互いの特性（特技や強み、弱み）を把握し、そのうえでチーム目標を達成するために「誰の強みを活かし、弱みを補い合うか」といった情報を共有します。

ただ、問題もあります。段階名が「混乱期」となっていることから分かるかもしれませんが、この段階はチームメンバー間において、意見のぶつかり合いや個人の主張が激しくなります。それぞれで「Kさんの仕事の進め方は非効率」「Sさんの物言いはどうかと思う」といった対立関係が生まれたりします。

実は正規の方法〝以外〟で、第2段階に上がってくるチームもあります。それは有事のケースです。例えば、「国外から強力なコンペティターが参入してきた」「災害によって物流やサプライチェーンが寸断された」「リーマンショックのような経済危機で売り上げが

激減した」「新型コロナの影響で平時の経営ができない」などです。

このような状況になると、「危機感」「恐怖」「不安感」といったネガティブパワーが、バイタリティーやモチベーションに代わって推進力となります。ネガティブな気持ちが発端でもパワーはパワーです。こうしたパワーを使って第2段階に一気に押し上がってくるチームがあるのです。

しかし、実は中身は第1段階の「個人商店の集まり」であることに変わりはありません。ルーティンワークを実行する自信はあっても、チーム全体、会社全体といった大きな課題解決にはほとんど自信がない。そして、一人で何かができるとも、やれるとも思っていません。今の状況を放置すれば、自分の居場所、稼ぎ、生活が危うくなる。だから表面的な結束へと移行しているだけなのです。

今まで無言だった人たちが危機感に押されて声を荒らげて発言し出しますが、「私がこれをやります！」とは誰も言わない。「こんな案はどう？」「誰か何とかできないの！」と、相変わらずの他力・他責マインドは抜けません。もはや、典型的なダメ評論家の集団です。

さらに何も決められないまま「部署の存続が危うくなる」「会社が倒産する」といったタイムリミット直前になると、ポジションパワーを持った人たち（部長や役員、経営者）

が登場し、やるべきことを独断で決定するようになる。すると、「今までの議論はなんだったんだ！」とメンバーの不満が爆発します。こうなると第3段階に上がれないだけでなく、第1段階に逆戻りしてしまうことになります。日本のほとんどの組織はこのパラドックスにはまり込んでいます。そして第1段階と第2段階を行ったり来たりしながら、衰退の道を歩んでしまいます。あなたの職場は大丈夫ですか？

◆覚えておきたい大事なこと

成長できないチームは第1・第2段階を行き来しながら衰退する

【チームの成長プロセス 第3段階「標準期」】

チームの成長を逆行させるよくあるミス

第3段階「標準期」は、個人の役割とチームの決まりごとが明確になる時期です。残念なことですが日本でこの段階にある組織は稀有と言わざるを得ません。詳細は4章以降のメソッド編でお話ししますが、第1段階、第2段階の課題を乗り越え、私たちがまず目指すのはこの第3段階です。

これからの内容を読みながら、第3段階に入った自分の職場やチームを可能な限り具体的にイメージしてください。

皆が同じ方向を見ていて、「協力してみんなでやろう!」という一体感で、素早く、そして自発的に動けるようになる瞬間がようやくやってきました。

この段階で大事なのは、具体的な実績（成功体験）を積み重ね、各メンバーとチームの自信を高めていくことです。現実の職場を見ていると自信がない人ばかりだということに気づきます。特に若手メンバーは顕著です。自信は表面的に褒めても生まれません。むしろ逆効果になることがあります。実績に裏打ちされた成功体験の積み重ねが自信を作っていきます。そして自信がメンバーの「本気」を引き出します。それらが源泉となってメンバーのフォロワーシップが強化されていきます。

ただ実際は、多くのチームがこの第3段階に進んだことがないため、これまでの経験則に基づいたマネジメントをし、その多くが失敗します。

よくやりがちな失敗は、チームの成長を逆行させる目標設定です。この段階になると、チームの雰囲気は良く、全員の目つき、顔つきが変化して熱量も上がっていきます。言語化が少し難しいのですが、リーダーから見れば、全員がやる気になってどんなことでも達成してくれそうな期待が持てるチームに見えます。

こうした状況でリーダーがよく取る行動が、「よし！ みんなで今期の売り上げを前年比2倍にするぞ！」といった高い目標の宣言です。

やる気がもっと出ると思ったのに……

「今の勢いなら、きっと期待に応えてくれるだろう」という考えでの発言だと思いますが、現実はそう甘くはありません。私がコンサル現場でよく見る光景として、**高い目標を掲げることで職場に何が生まれるか。それは「あきらめ」「不満」「不安」「失望」といったネガティブなものばかりです**。特に無責任に高い目標を設定する経営層やその目標を丸投げするだけのリーダーに対する怒りやあきらめは、日本中にまん延しています。「言うだけなら簡単。やるのは誰？」「その目標設定の根拠は何？」といった不満が生まれ、せっかくの熱量が冷めてしまう。

これは「**チーム状態に合わない高い目標を設定する**」**という愚策**です。勢いで「前年比2倍」と宣言し、根拠、意味、価値を部下に説明していないことがほとんどでしょう。リーダーや経営者は「高い目標の方がやる気が出る」と言うかもしれませんが、それこそ時代錯誤の昭和的チームＯＳの考え方そのものです。

せっかくチーム力が高まったのに、リーダーがそれを台無しにするというケースはよくあります。それでチーム力が低下しても、リーダーは自分のせいだとは思わないでしょう。前例踏襲、今まで通りやっているだけなのですから……。

先ほど第３段階の「標準期」は「具体的な実績（成功体験）を積み重ね、各メンバーとチームの自信を高めていくこと」と説明しましたが、ここでの「実績」とは高い成果ではありません。「達成できたという事実（Do）と達成感（Be）」です。

どんなに小さな成果であっても構いません。重要なことは「できたという事実」を積み重ねていくことです。**小さな成功体験を数多く積めば積むほど、大きな自信を育んでいけます**。そういった成功体験は多ければ多いほどいいのです。

また、目標は「前年比2倍にするぞ！」などと他者から与えられたものではなく、「自分、もしくは皆で決めたもの」であることも非常に重要です。もうお分かりのように、他者から与えられた目標はテンション（外的な力）なので、達成できたとしても達成感は半減します。どちらかと言えば得られるのは達成感ではなく「終わってよかった」といった終了感でしょうか。これでは、次の成果を生み出すためのエネルギーにはなりません。

もちろん、会社が決めた目標を変えてくださいと言っているのではありません。目標に向かう階段である「マイルストーン」（中間目標）は、当事者に決めてもらうことが大切なのです。上司は部下に対し「自信をもって達成できるマイルストーンはどこか？」と問うだけ。ただし、この問いが意味を持つためにはメンバーとの関係性が重要になります。

勝手に部下が「忖度」してしまう場合は?

既に説明していますが、「安全な場」や「信頼関係」がなければ、メンバーはリーダーに対して忖度をします。内心、「本当は自信を持ってできるのは、このくらいだけれど、本音を言ったら絶対に怒られるよな……」と。結果、できる自信もない高い目標を言ってしまう(言わされてしまう)。これでは、最初から〝やらされ感〟がたっぷりです。

非難否定のない何でも言えるという「安全な場」と、リーダーならどんな目標でも受け入れ、支援してくれるという「信頼関係」があれば、本音を言えるはず。ですから、それらをしっかり築くことが前提です。

また、「自信をもって達成できるマイルストーンはどこか?」とメンバーに聞いた後は、笑顔で「よし! 絶対に達成しよう。私でできることは、全力でサポートするから」と言って「承認」と「支援」の約束をしましょう。

ただ、承認や支援もスムーズにいかないことが多い。上司はあくまで建前でそう振る舞っているだけで、実は承認も支援も納得していないことが多々あるからです。

私がコンサル現場などでよく「部下が定めた目標をどう思いますか?」と聞くと、その多くが「とても低いですね……」という答えが返ってきます。

それはそれでいいのです。理由は前述した通り、**重要なことは目標の高さではなく成功体験で、そして成功体験は多ければ多いほどいい**のですから。

次に私はその方（上司）にこんな質問をします。

「では、そうした低い目標なら必ず達成できますよね？」。すると「多分、できるんじゃないですか」と他人事のような返事がきます。

そこで質問を言い換えます。「あなたの責任において達成することはできますね？」と。

すると今度は反応が2つに分かれます。

①「はい！ 全力でサポートし、達成します」

②「え？ 私の責任でと言われても……」

さて、皆さんがリーダーならどちらでしょう。皆さんの上司はどちらになると思いますか？ ①のリーダーであればメンバーのモチベーションを高める「Be」（ここでは求心力）を発揮できる可能性があります。しかし、後者なら論外です。肩書がどうであれ、リーダーとしての求心力はありません。そのようなリーダーはメンバーの足を引っ張ります。

現実のコンサルのプロジェクトの場合、このようなリーダーはプロジェクトから外れてもらいます。そうしないと本質的な問題解決にはなりません。

チームというものは、チームそのものの「あり方」（Ｂｅ）だけでなく、リーダーの「あり方」（Ｂｅ）も強く問われるからです。**それは体裁を繕う言葉ではなく、リーダーが見せる本気度「あり方」（Ｂｅ）が映し出された〝後ろ姿〟なのです。それがないリーダーがメンバーからリスペクトされることはありません。**

◆覚えておきたい大事なこと

リーダーの〝後ろ姿〟がメンバーとチームの成果を左右する

【チームの成長プロセス 第4段階「達成期」】
目標は「数値より質」を意識する

第3段階における小さな成功体験の積み重ねと喜びを中核とした取り組みは、メンバーに自信、本気度、チームへの貢献欲求を高めます。そして、そのエネルギー（Be）が一定レベルに達すると、最後の第4段階「達成期」へ向かう兆しが生まれます。

第4段階の「達成期」は、チームとして最も成熟した時期となり、期待した成果が出ます。稲作で例えると「刈り取り時期」といえるでしょう。

この段階で最も大事なのは「目標の質」です。高い数値目標ではありません。「目標の質」はグッドチームを完成させるために本当に大事なので、詳しく説明していきたいと思います。

一般的な企業では「数値目標」ばかりが求められることが多いと思いますが、そうした目標は達成しても大企業に見られるように利益の多くは内部留保となり、社員にも下請けにも還元されることはほとんどありません。**「稼ぐこと」が目的化し、「何のために稼ぐの**

か」といった社会的意義も存在しないことが多い。

こうしたことが物語るのは、日本の企業の「社会性の低さ」です。ですがそれは、企業を構成するのが人である以上、私たち一人ひとりの社会性も低いと言わざるを得ず、企業のせいにだけはできません。

目標に「社会的意義」が含まれないのはなぜ?

では、なぜ、社会性が低いのか。どうして育たないのか。

それは第1・第2段階のまま成長できないチームでは、メンバーの価値観は「個人商店の意識」のままだからです。同じ「場」(職場、学校、団体、家庭)に長くいればいるほど、**私たちの価値観は「自己の損得を優先した考え」に染まっていきます**。それに対し、他者が「世のため人のために」と唱えても、「キレイゴト」の一言で片づけてしまうようになります。

また、ネットを中心とする「氾濫する情報」は、私利私欲を刺激する材料になるものの、社会性を育てる材料としてはとても影響力が小さい。人は情報によって惑わされることはあっても、本質的な変化をすることはありません。価値観を変えるような本質的な変化に必要なものは「気づき」です。そんな気づきは、自らの実体験からしか得られないのです。**最もよくないのは、体験を伴わない、聞いただけで「知っている、分かっている」と自己満足してしまう姿勢です**。「知っている、分かっている」と「できる」にはとても大きな溝があります。

このような過信があると、自身の能力の正しい査定が行えず、何をやっても成功体験が積めません。結果、自信が獲得できず、チームからの信頼も失います。

ですから、マイルストーンを確実に達成していくことは、自分自身の能力を査定する力を養い、成功体験を確実に積むうえでも必須です。

こうして成功体験から自身の実力を実感し、揺るぎない自信を獲得しましょう。そして、これまで説明してきたように、チームへの信頼、さらにはチームとしての大きな成果を出していく。その自信と信頼が原動力となり社会性が目覚め、「チームのため」「会社のため」「社会のため」などの視野が広がり、私利私欲から脱することができます。

実際に第3段階の後期から第4段階に入り始めたチームから、共通して耳にする印象的な言葉があります。**「このチームなら何でもできる」**と、メンバー全員が口々に言い始めるのです。**これは自分に対する自信とチームに対する信頼の証です**。そして、この段階に入ったチームはメンバー自身が自分たちがやりたい目標を提案し始めます。

このようなプロセスなしに「ミッション」「ビジョン」「バリュー」などを話し合っても、魂の入っていないお題目ができあがるだけです。はっきり言って時間の無駄です。

この魂の入っていない、つまりＢｅの伴わない取り組みは、日本中にまん延しています。この形ばかりの取り組みが日本の組織の生産性を下げている最大の要因です。

このマインドセット（Ｂｅ）の獲得によって、自分たちで本気で実践する社会的目標や目的、ミッションやビジョンが生み出されます。

例えば「業界でまだやっていないことをしよう！」「世界に通用する製品作りにチャレンジしよう！」「困っている人々を救済するシステムやサービスを考えよう！」と。

それらは無機質な数値目標に「意味」と「意義」を与えます。

チーム創りに参加しているなら、高みを目指せ

第４段階は言うなればチームとしての「最高到達点」です。それは、一朝一夕にできあ

がるものではなく、第3段階までの様々な積み上げによって到達できる高みです。

一見、難しいと考える人もいると思いますが、**チーム創りとは本来、この高みを目指す活動なのです**。

ですから、チーム創りに参加する以上、難しい云々とは関係なく、私たちはチームの一員になった時点で、チームとしての高みを目指すことが必然なのです。

チームに参加する万人共通の目的はただ一つ。それはグッドチームを創ること。そしてあなたが属するあらゆるチームがグッドチームになることで、あなたの人生はグッドライフに変化していきます。

◆覚えておきたい大事なこと

チーム全員が本気で「グッドチーム」を目指す

【アクションラーニング】

「チームの成長」と「真因」の関係を知る

3章の最後は、少し異なった観点からチームを成長させることの重要性について説明したいと思います。

私は20年以上にわたってチーム力を高めるコンサルティングをしてきました。チームビルディングに先立って取り組んでいたのは「アクションラーニング」というメソッドの適用でした。アクションラーニングは、企業のあらゆる実務課題の解決にチーム力を活かす問題解決の手法です。

職場の「実課題」(現象)を「質問」(チームメンバー6名前後からの多様な質問)によって深掘りし、「本当の原因」(真因)を鮮明にし、その真因の解決策をチームの多様性を活かしながら立案し、実践する。このサイクルを問題の解決まで続けるものです。この手法はとても有効で、先進国をはじめ、多くの国の企業で活用されています。残念ながらラーニングテクノロジーへの理解が乏しい日本では、あまり浸透していないのが実情です。

「アクションラーニング」の2つの意義

この手法の意義は主に2つあります。1つ目は、個人商店化によってチームの問題解決が**個人の能力の枠を越えない実情を打破**し、チームの多様性を活かすこと。2つ目は、現象に対する**対症療法に終始する現状を打破**し、真因の解決に着手できるという利点です。

これだけを聞くと「すぐにやったらいい」と思うかもしれませんが、1つ目のチーム力の活用が現実的に可能になるためには、どうしても「安全な場」や「信頼関係」が必要になります。同様に2つ目の真因探索と多様性を活かした解決策の立案は、「安全な場」や「信頼関係」に加えて、「質問力」も必要になります。

もうお分かりだと思いますが、これらが整わない第1段階・第2段階のチームでは、アクションラーニングはほとんど有効に機能しないのです。今でこそ、この事実を認識している人はいますが、導入が本格化した2000年代初期には全く認識されていませんでした。では、なぜ認識できたか。それは「真因の質の変化」によってです。ここでは、現在自明になった結論だけを述べます。

職場を取り巻く環境の変化がこの15年で大きく様変わりしてきました。象徴的なものでは「モチベーション」という言葉の浸透でしょう。15年前、モチベーションという言葉は専門家しか使っていませんでした。それがこの10年で、徐々に日常化しました。

同様に「メンタルヘルス」や「うつ病」という言葉も職場で日常的に使う言葉ではありませんでしたが、この5年で日常化しました。

それは職場の多くの課題が「Ｄｏ」から「Ｂｅ」にシフトしたからだと思います。これは今だからこそ言えますが、アクションラーニングを導入し、質問セッションによって課題を深掘りしていた当時の私も、こうした変化をリアルに感じることができていませんでした。しかし、真因はそれを明確に物語るものでした。

現在の「真因」は、90％が「Be」

２０００年初期、真因の多くは「手順の問題点」「仕組みの問題点」「プロセスのボトルネック」といった「Ｄｏ」（やり方）が占めていました。しかし２０１０年ごろから、真因の割合は「信頼関係がないから」「他人に興味がないから」「分かっていても前向きな行動ができないから」といった「Ｂｅ」（あり方）が増していきました。**現在では90％以上**

の真因が「Be」です。

当初、私はこの変化を説明できませんでした。そこでこの現象を説明できる手法を探し、研究を始めました。結果として行き着いたものがチームビルディングです。

そして、私は驚愕しました。「アクションラーニングプロジェクト」に参加するチームのチーム状態を確認し、チームの発達段階（4段階）にマッピング（当てはめ）したところ、真因がDoとなるチームは第3段階が圧倒的に多く、**Beになるチームは第1段階・第2段階が圧倒的に多いことが分かったのです。つまり、第1段階、第2段階にあるチームの真因のほとんどがBeであるということを示していたのです。**

ところが、当時も今も、この事実を知らない、もしくは知っていても受け入れない経営層やリーダー層は相変わらず多い。とにかくDoを欲しがる、それも対症療法的に〝即効く〟ものを……。

このままでは、日本企業がダメになっていくのは明らかです。例えるなら本当の原因がウイルスであるにもかかわらず、熱が出ている、せきが出るからといって、熱さましやせき止め薬を大量に投与し続けているのですから。

その間に病状はさらに悪化していく。本当の真因がBeであるにもかかわらず、制度を変える、ルールを変える、最新のシステムを導入するなどの「〝やってる感〟の演出にばかりに奔走する」。真因ではないDo、その中でも対症療法の無駄打ちばかりです。

こうした状況に拍車をかけるのが「忖度風土」です。無能な経営層やリーダー層の誤った価値観や考えを、忖度風土は組織全体へと拡散させていく。結果、組織パフォーマンスは低下し続け、組織は崩壊していく。これが昭和的チームOSを引きずっている今の企業であり、職場です。そして日本社会のほとんどの集団が同じ文化の中にいます。

何度も苦言を呈するのは、本当に危機的状況にあるからです。この状況においても、自覚がほとんどないことが問題です。本書をここまで読んだ方は、「何とかしなければ」という強い危機意識を持ってほしいと思います。

◆覚えておきたい大事なこと

真因はBeであることを危機感とともに自覚する

【チームビルディング診断】

「あなたのチーム」をチェックしよう

あなたが所属するチームがどんな状況なのかを診断する方法があります。使うのは「チームビルディング診断シート」です。質問は8つ。これは4章以降で紹介する8つの要素（8ステップ）に対応するものです。

例えば最初の質問は「チーム意識」についてです。

「個人主義が強く横の連携がないチーム」なのか、「チーム意識が強く、全員が協力して業務が行われているチーム」なのかを考えてみましょう。メンバーの顔を頭に浮かべ、これまでの出来事を思い出しながら、メンバー間の協力具合やチームとしての一体感などを客観的に評価してみてください。

回答は「1～5」の数字で選んでください。

回答を終えたら、8つの質問の数字の合計を出してください。

チームビルディング診断シート(質問1〜4)

質問	採点
質問1 チーム意識	個人主義が強く横の連携がない ←→ チーム意識が強く、全員が協力して業務が行われている 1　2　3　4　5
質問2 安全な場	上司や影響力を持つ人の顔色をうかがう ←→ 順位、経験に関係なく、本音が言える 1　2　3　4　5
質問3 信頼関係	自己防衛的、排他的な発言が多い ←→ 良いことも悪いことも開示され、どんなことでも受けいれられる関係性がある 1　2　3　4　5
質問4 自信と本気	設定された目標を高いと感じ、あきらめや“やらされ感”が強い ←→ 設定された目標を妥当と感じ、達成意欲は極めて高い 1　2　3　4　5

チームビルディング診断シート（質問5〜8）

質問	採点		
質問5 チーム目標達成への貢献意欲	改善提案アイデアはほとんど出てこない	1　2　3　4　5	メンバー全員から様々な改善案やアイデアが出てくる
質問6 当事者意識	すべてにおいて誰かが何とかするだろうという傾向が強い	1　2　3　4　5	自分自身でできることを探し、当事者意識を持って進めている
質問7 リーダーシップ	すべての意思決定をリーダーに依存している	1　2　3　4　5	各メンバーが自律的かつ協力して意思決定をしている
質問8 ミッション／ビジョン	ミッションやビジョンは形だけで、何の効力も持っていない	1　2　3　4　5	チーム全員がミッションやビジョンにコミットし、仕事として体現している

結果を説明します。点数に応じたチーム状態は以下の通りです。

【チームビルディング診断シートの結果（40点満点）】

◆20点以下「バッドチーム」

チームとしての土台ができていません。チームワークはほぼなく、いわば「個人商店の集まり」です。チームは第一段階「形成期」にあり、いつチームが崩壊するか分からない状態といえます。８つのステップの一番下から地道に実践し、チームを成長させていく必要があるでしょう。

◆21〜32点「隠れバッドチーム」

20点以下のバッドチームほどではないものの、もろいチームであることには変わりがありません。危機感が薄いこの隠れバッドチームこそ、自覚を持ってチームビルディングに取り組む必要があります。

「何とか成果は出ている。大きな問題はない」という甘い見方は捨ててください。８つのステップの下からやり直す気持ちで実践していくことが大切です。

◆33点以上～「グッドチーム」

健全な職場で働いている「グッドチーム」と言えます。ただ、少しでも気を抜くとバッドチームになってしまうので注意が必要です。「3点以下」の項目については、しっかりケアをしてグッドチームを維持してください。

1章でも少しお話ししましたが、このシートを使ったチームビルディング診断は、私がこれまで講演、セミナー、コンサルティングの場などを通じて、何千人もの人に行っていただきました。しかしその結果は散々なもので、グッドチームは1％あるかないかという状況です。

・20点以下「バッドチーム」50％
・21～32点「隠れバッドチーム」49％
・33点以上「グッドチーム」1％

これは逆に言えば、**ほとんどのチームがゼロからのチームビルディングとなるので、**

「とにかく基本からしっかり学び、実践していけばいいだけ」とシンプルに考えることもできます。難しく考える必要はありません。

◆覚えておきたい大事なこと

自分のチームの「真の姿」を洞察する

3章についての内省

- □「本気」で仕事をしているか
- □あなたのチームは「個人商店の集まり」になっていないか
- □「自分の損得」を優先して働いていないか
- □今のチームで「高み」を目指したいと思えるか
- □今のチームに「信頼関係」はあるか
- □メンバーは皆、「本音」で語り合っているか
- □仕事を通じて「成長」を実感しているか
- □仕事を通じて「達成感や喜び」を実感しているか
- □チームに貢献するために「自己研さん」をしているか
- □「他力・他責の思考」に陥っていないか

第4章

「8ステップ」で進めるグッドチームの創り方

【チームビルディングの全体像】

「これから何をしていくか」を把握する

本章からチームビルディングメソッドについて説明する「メソッド編」に入っていきます。チームを成長させ、グッドチームを創るための具体的な手法を見ていきます。

ただし、一つくぎを刺しておきたいことがあります。

ここで紹介するのは単一的な答えではありません。あなたが自分自身の目の前に広がるチームの景色をよりよくするための、あなた自身が取るべき表現（行動、言葉、表情、態度、姿勢など）の手助けとなる原理原則論です。**本書の内容を理解し、あなた自身の創造性を加えて実践する中で、答えが少しずつ見えてくると考えてください**。

また、紹介するのは「チームリーダーのためだけの原則論」ではありません。**チームに関わるすべての人のためのものです**。ですから取り組むべきことは同じです。

何度も言いますが、あなた一人から始まった小さな取り組みや変化がチームの大きな変化につながっていくと信じて進んでください。

チームを成長させる「8要素・8ステップ」を実践する

まずはグッドチームを創るためのアプローチ、すなわち「何をしていくか」という全体像を説明します。3章でチームは「4つの段階」（形成期、混乱期、標準期、達成期）を経て成長していくと解説しました。このチーム成長の「4つの段階」における具体的なアプローチを分析した結果、8つの要素の取り組みが必要になることが分かりました。

それは、1「チーム意識」、2「安全な場」、3「信頼関係」、4「自信と本気」、5「チーム目標達成への貢献意欲」、6「当事者意識」、7「リーダーシップ」、8「ミッション／ビジョン」です。

この8要素を「8ステップ」とし、一つずつ着実に取り組むことによってチームを成長させていきます。

本書では、「土台作り」の観点からステップ1〜3を（5章）、「フォロワーシップ」の観点からステップ4〜6を（6章）、「リーダーシップ」の観点からステップ7〜8（7章）というように3章にわたって紹介します。

成長段階に合わせて「マネジメントスタイル」を切り替える

また、この4章では、前述した8つのステップを正しく取り組むために必要な「マネジメントスタイルの切り替え」について解説します。マネジメントスタイルの切り替えというのは、チームの成長を洞察しながら関わり方を変えていくこと。それができないとチームの成長は途中で止まります。具体的には、最初は「マネジャー」としてチームを指導・育成し、次は「コーチ」としてチームをけん引・伴走。最後は「ファシリテーター」としてチームを支えます。

ここで最も重要なのは、個々のメンバーの自立性を育むことと、メンバー間の相互支援力の強化によりチーム力（シナジー）を高めることです。旧来型のマネジメントは管理指導が中心で、メンバーの自立性を抑えてしまう傾向がありました。今の時代、そのやり方は通用しませんし、逆効果です。

ですから、リーダーは、これまでの経験則に頼るのをやめ、チームを成長させる〝真の方法〟を本気で習得しなければ、グッドチームは実現しません。

日本の職場は肩書ばかりのリーダーが多いのですが、**本来リーダーは、高いマネジメン**

トスキルと見識が求められる専門的な役割です。

このほか本章では、チームを著しく成長させる「ラーニングサイクル」という手法も紹介します。これもぜひ習得してください。

【チームビルディングメソッド】

・4章　マネジメントスタイルの切り替え、ラーニングサイクル
・5章〜7章　チームを成長させる8ステップ

◆覚えておきたい大事なこと

チームの成長をリードするために「役割や振る舞い」を変える

【マネジメントスタイルの切り替え】

成長に合わせてマネジメントスタイルを変える

チームを成長させていくには、「マネジメントスタイルの切り替え」が必要だということは説明しました。繰り返しになりますが、マネジメントスタイルの切り替えとは、チームの成長を洞察しながら関わり方を図の「リーダーの役割や振る舞い」のように変えていくということです。

具体的には次のような3段階で切り替えていきます。

一つずつ見ていきましょう。

【チームの成長とともに変えるマネジメントスタイル】

- ステップ1「マネジャー」**良き指導者**としてチームを管理・指導する
- ステップ2「コーチ」**良き相談者**としてけん引・伴走する
- ステップ3「ファシリテーター」**良き達成支援者**としてチームを支える

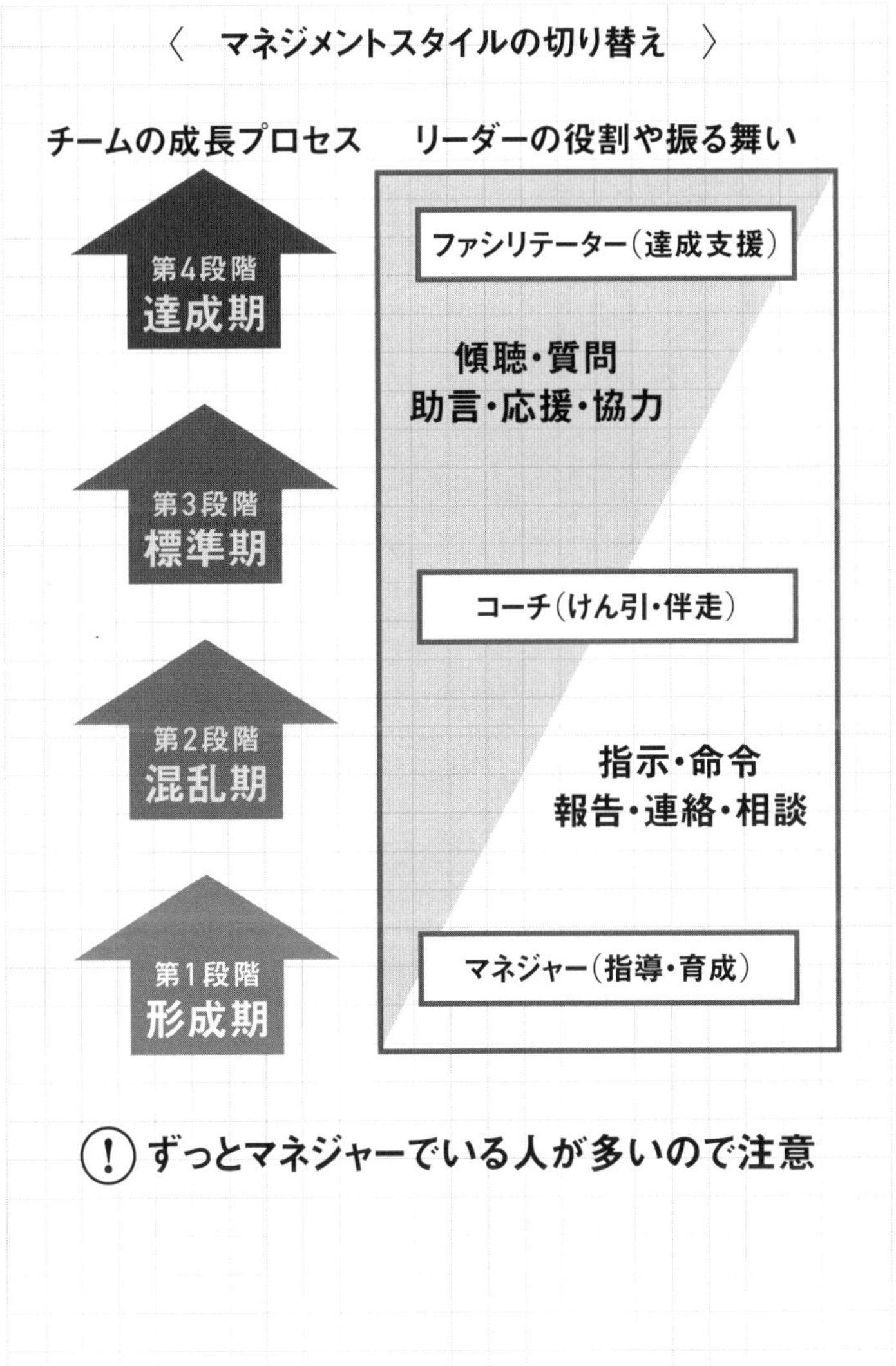
〈 マネジメントスタイルの切り替え 〉
チームの成長プロセス
リーダーの役割や振る舞い
第4段階
達成期
第3段階
標準期
第2段階
混乱期
第1段階
形成期
ファシリテーター(達成支援)
傾聴・質問
助言・応援・協力
コーチ(けん引・伴走)
指示・命令
報告・連絡・相談
マネジャー(指導・育成)
ずっとマネジャーでいる人が多いので注意

【マネジャー・良き指導者】――「テンション型マネジメント」は絶対にするな

各ステップの話をする前に、大前提として「絶対にやってはいけないこと」をお話しします。日本の職場は「バッドチーム」、もしくは「隠れバッドチーム」だらけで、本来の意味でチームの体をなしていないことは既に説明しました。このような状況を招いた要因の1つは、3章でも説明した有無を言わせない強制的な管理・指導をする「テンション型マネジメント」です。これは昭和的チームOSの上でかつて機能していたものです。

テンション型マネジメントは、メンバーの「自立性」や「自発性」を阻害します。「**チームの成長」は、「メンバーの自立性、自発性の進化」とも言い換えられます。つまり、テンション型のマネジメントをするとチームの成長は止まります**。

本書でもマネジメントという言葉を使っていますが、この内容は「指導・育成」です。始めから「自立性・自発性」を育むことが前提です。

ですから、テンション型のマネジメントは絶対にやらないようにしましょう。

とはいえ、テンション型以外の管理・指導方法を知らない人も意外と少なくありません。そういう人は、次のように考えてください。

3章でチームを「人間の成長」に例えましたが、結成当初のチームは「赤ちゃん」です。自らの力で立って歩くことはできません。そのまま放置すれば危険なものに触れたり、飲み込んだりする可能性があります。ですから、しっかり見守り、基本的なことから丁寧に手取り足取り教える必要があります。

一般にこの段階で有効な指導方法は「ティーチング」です。自分は「先生」となって、できる限り分かりやすく、相手ができるまで、何度も何度も指導をします。指導されるメンバーは、この反復学習によって徐々に一人でもできるようになっていきます。

この段階のチームへの関わり方は、リーダーを「レスキュー隊員」、メンバーを「要救助者」としてイメージしてみてください。

例えば水難事故（川で溺れている）の場合、川岸から救出方法を詳しく説明しても、溺れている人の耳には届きません。溺れている人をまずは安心させ、そして迅速に助ける必要があります。そして、救出後になぜ事故が起きたのか、防ぐためには何ができたのかを説明して、今後同じことがないように指導します。

これが**チームの成長初期に必要な育成指導です**。よく「私は部下を信じている」と言って、まともな育成指導もせずに業務を任せるリーダーがいますが、それは単なる「丸投げ」です。それではチームが成長することも、大きな成果を出すこともできないでしょう。

一方、メンバーの自立性がある程度高まっているのに、このような関わりを続けると「過干渉」になります。自立して動けるメンバーに対し、細かい指示・指導をすると、かえってモチベーションを低下させることになりかねません。

よかれと思ってしたことが裏目に出てしまわないように、育成指導はメンバーやチームの成長段階を洞察したうえで、「今、どんなマネジメントをしたらいいか」を判断して行いましょう。〝良き指導者〟として適切なマネジメントをしていれば、メンバーやチームは日々成長していきます。

【コーチ・良き相談者】――「傾聴と質問」を徹底し、メンバーの課題を聴き出す

チームが成長して「混乱期」(第2段階)から「標準期」(第3段階)に入るぐらいの時期(メンバーの自立性と実力に磨きをかける時期)になったら、マネジメントのスタイルを「マネジャー」から「コーチ」に切り替え、コーチングを行います(ステップ2)。

既に指導・育成の時期を経て、メンバーは基本的なことが自分でできるようになってい

るはずです。この時期に重要なのは、**「自分の頭で考え、自分で決める」という経験を徐々に増やしていくことです。そのために必要なのは、「現在の実力の正確な査定」です。**「自分は何ができて、何ができないか」というものです。

成功体験を積むためには、自分の実力に基づいた「マイルストーン」（中間目標）の設定がとても重要です。確実に成功を積み重ね、自信というエネルギーを蓄積していくプロセスが、個人の成長を加速させます。

考える〝習慣〟を身に付けることも大切です。「考える力」とは、「自分に対して質問する力」を養うということです。**この習慣がないと現象（表面的な課題）に対して反射的に反応し、対症療法ばかりを行うダメ人材になってしまいます。**

繰り返しますが、「せきが出る」→「せき止めを飲む」といった対症療法は、せきの真因がウイルスや内臓の疾患である場合、本質的な解決になりません。それどころか、薬が効かないと、どんどん強い薬を試すようになり、揚げ句の果てには薬の副作用でさらに状態を悪化させかねません。仕事においても同じことが起こります。

ここでコーチがすべきなのは、自分の考えや意見よりも、**メンバーの課題や考えを引き出し、同時に考える習慣を身に付けさせることです。**それだけに集中する。手法としてはまずは「傾聴と質問」を徹底します。そこでメンバーが抱える本当の課題を引き出し、メンバーが自分自身で解決策を見つけ出すヒントにつながる「質問」を投げかけます。メンバーからの求めがあれば「助言」もします。

つまりコーチは、有能な相談相手であり、質問家であることが求められるわけです。

【ファシリテーター・良き達成支援者】――目標達成しやすい環境作りを最優先

コーチの時期を過ぎると、次は「ファシリテーター」としてチームを支えます。チームの成長時期で「達成期」（第４段階）に入ると、マネジメントのスタイルを「コーチ」から「ファシリテーター」に切り替えます（ステップ３）。役割では〝良き達成支援者〟になりましょう。

具体的には、自立性が高いメンバーに対し、目標が達成しやすい環境を作り、達成の阻害要因を可能な限り排除します。もちろん、**この関わりもメンバーの自立性と実力の高まりとともに弱めていきます**。サッカーで例えると、ストライカーのゴールをアシストするイメージです。「どこに、どのタイミングで、どのような速さと場所にボールを出せばゴールを決められるか」。メンバーの性質や実力を見極めながらアシストする。ゴールが決まって脚光を浴びるのはストライカーですが、素晴らしいアシストがなければ、ストライカーは脚光を浴びることがありません。

ビジネスのチームにおいても同じです。誰かが的確なアシストをしなければ、メンバーが脚光を浴びる（成功体験を得る）ことはありません。

ですから、メンバーの自立性が高い成果を生み出すレベルに達するために、チームにはアシストに徹するファシリテーターが必須なのです。そして最終的には「達成応援者」としてチームにエネルギーを与える存在になっていきます。

このようにチームの成長の軸である「メンバーの自立性の進化」は、リーダー（もしくはチームの中心者）のマネジメントスタイルの切り替え「マネジャー」→「コーチ」→「ファシリテーター」なしには実現しません。

マネジメントスタイルがいつまでもマネジャーのままでは、メンバーの自立性、自発性は育たず、チームは成長しません。

「指示・命令、ホウレンソウ（報告・連絡・相談）」が1つ目の引き出しに入っている道具とするならば、2つ目の引き出しに入っている道具は「傾聴・質問、助言、応援、協

力」です。これらを自由自在に使いこなせるよう、日々精進してください。漫然と前例踏襲するのではなく、リーダー自身も自分自身の成長に責任を持ち、そして学び、実践しましょう。

仕事とは「成果をより高めるために現状を創造的に変えていくこと」です。もしあなたが昭和的チームOSの上で働いているならば、そこからとにかく早く脱却してください。

◆覚えておきたい大事なこと

「指導者」→「相談者」→「達成支援者」、そして「達成応援者」へ

【ラーニングサイクル】
チーム成果を加速する「DLTGサイクル」

ここではチームのパフォーマンスを高める手法を紹介します。「ラーニングサイクル」と呼ばれるものです。

業務の効率化や改善で使われる手法では、「Plan」(計画)→「Do」(実行)→「Check」(評価)→「Act」(改善)の工程を回す「PDCAサイクル」のマネジメントサイクルが有名ですが、実際のチーム活動でPDCAが有効に機能しているケースは稀(まれ)です。ほぼ「P→D」止まりで「C→A→P」まで回していないことが多い。

私の経験ではチームの成長が「第1段階」(形成期)や「第2段階」(混乱期)では、PDCAはほとんど機能しないことが分かっています。

ここまで説明してきた通り、当事者意識や他力・他責が蔓延しているチームでは、「Plan」(計画)が前例踏襲か実効性のない曖昧で高い目標になる傾向があり、メンバーのモチベーションが上がらずに「Do」(実行)以降が〝やりっぱなし〟になる。当然、目標は達成しませんし、達成できなかった真因の究明もしません。そして再び対症療法的な「Ｐｌａｎ」（計画）の作成に戻ります。こんな場当たり的なＰＤＣＡは意味がなく、チームもメンバーも成長することはありません。

「PDCA」ではなく、「DLTG」サイクルを回す

一方の「ラーニングサイクル」は、「Ｄｏ」（まずやってみる）→「Ｌｏｏｋ」（何が起こるかよく観察して理解する）→「Ｔｈｉｎｋ」（なぜこうなるかをよく考えてみる）→「Ｇｒｏｗ」（マイルストーンを決め、改善策を作る）で構成されるものです（次ページ図）。その名の通り、実務を通して学びを深める手法です。

「Ｐｌａｎ」（計画）に時間をかけるのではなく、短時間のディスカッションを経て、すぐに「Ｄｏ」（まずはやってみる）からスタートするのが特徴で、走りながら五感で生きた情報をつかみつつ、続く「Ｌｏｏｋ」、つまり「洞察」につなげます。

問題解決の質は、洞察力の有無で劇的に変わります。ところが、この洞察力を現代の日本のビジネスパーソンはほとんど磨いていません。結果、表面的な現象にのみにとらわれ

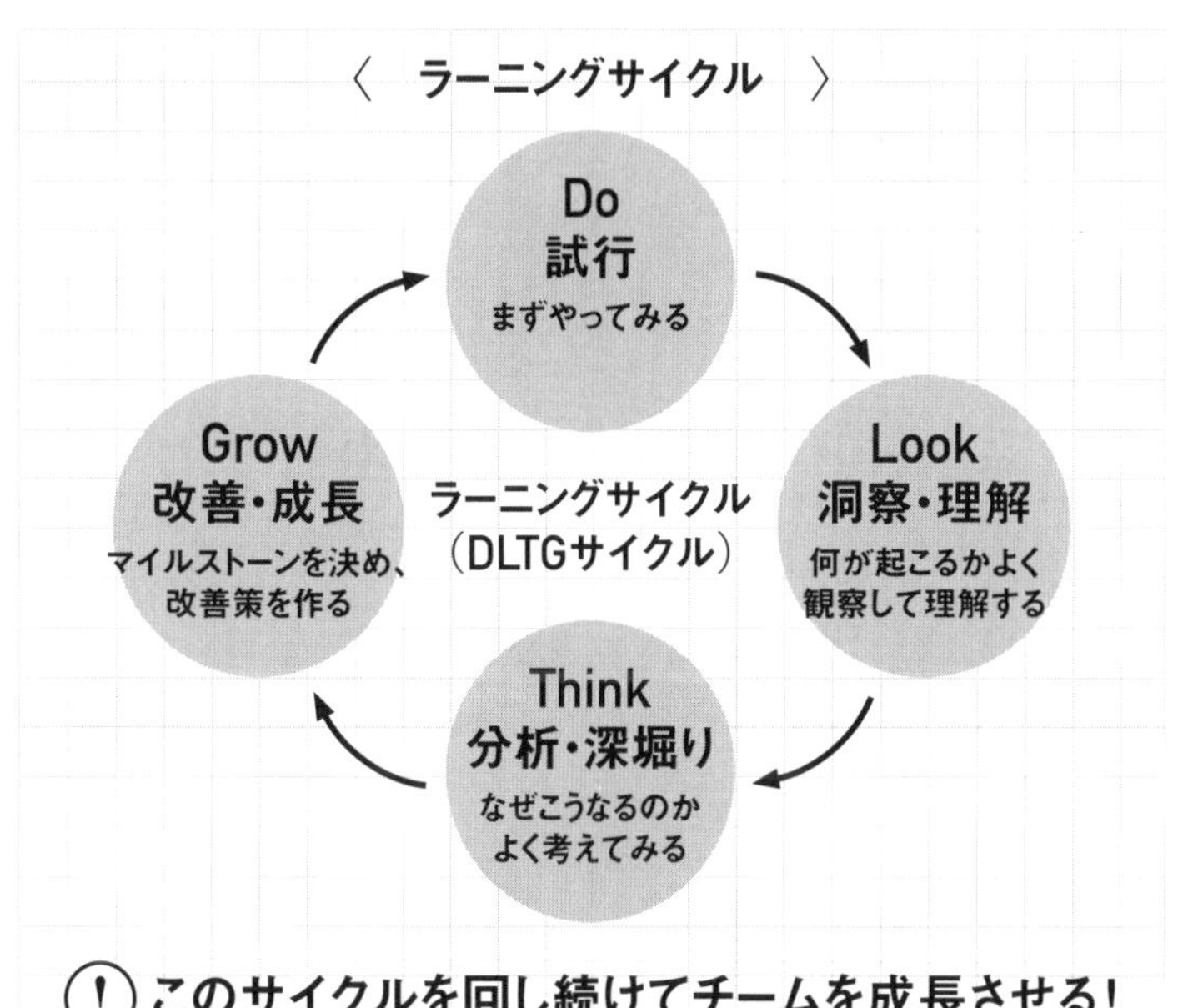

た対症療法的な小手先の改善策（Do）に終始してしまいます。

なお、「洞察力」と「観察力」は違います。「観察力」とは現象の把握です。つまり、目の前で起こっている現象の細部を言語化する能力を指します。一方の「洞察力」は目の前に起こっている現象の本質、つまり、「なぜ、この現象は起こったのか」「この現象は何から生じているのか」などを言語化する能力を指します。

この洞察力を磨くうえで重要なポイントは2つ。**1つ目は「問題意識の強さ」です。**これまで何度も出てきた他力・他責の人の大きな特徴は、現場に行って色々なものを見聞きしても、持ち帰る情報量が極めて少ないということ。逆に当事者意識が高く、問題意識が強い人は、他者が気づかない情報を持ち帰ってきます。

成功のカギは「なぜ?」の多用

２つ目は「内省的思考」です。端的に言えば「質問力」で、「なぜ、この現象は起こったのか?」と考えるものです。

「洞察の量」は「質問の量」に比例します。このため洞察力は、自分自身への質問だけではなく、クライアントや他のメンバーなどへの質問でも有効に働きます。

ラーニングサイクルを実践すると、「Ｄｏ」（まずはやってみる）から連動した「Ｌｏｏｋ」（洞察）により、生きた情報が大量にもたらされる道筋ができあがります。かつ、このラーニングサイクルにはチームメンバー全員が平等に参加するので、多様な視点から得られる膨大な生きた情報がチームにもたらされることになります。

この膨大な「生きた情報」を次の「Ｔｈｉｎｋ」の工程で、分析、深堀り（真因探索）

することによって、問題の本質が鮮明になっていきます。

このラーニングサイクルで重要となるのは、「平等参加」と「多様性」です。個々の責任で「Do」を行い、個々の多様性を活かして「Look」をし、同様に多様性を活かして「Think」を行います。

「Think」(分析)では、「Look」(洞察)のときと同じく「なぜ」を突き詰めます。Lookとの違いは、情報収集のための問いから、問題を深掘りするための問いに目的が変わること。特に「なぜ、なぜ、なぜ」と、「なぜ」を多用していきます。これを個々にメンバー全員で行います。

ここで特徴的なのは、ここまでディスカッションを行わないこと。ディスカッションを行うと影響力のあるメンバー、あるいはリーダーの意見に流されてしまうからです。

このような状況が生まれないためにも「安全な場」(3章、5章を参照)は必須です。

重要なのは「自分事」になっているかどうか

最後の「Grow」、ここで本格的なディスカッションに入ります。重要なことは散発的な議論ではなく、まずマイルストーンを決め、それを達成するためのアイデアをメンバー全員が提示していくことです。もうお分かりのように、ここまでくると特定のメンバーだけが発言するといったことは起こりません。それはなぜか。

一つはラーニングサイクルに全員が「当事者意識」を持って参加していること。もう一つは、既にここまでで自分の目で見て、自分の頭で考え、マイルストーンを「自分事」にしているからです。だから、自然とアイデアが出てきます。例えば10人のメンバーがいれば、必ず10個以上のアイデアが提示されます。

さらにディスカッションを深めていきます。目的はマイルストーンを達成するためのアイデアの優先順位付けや、いくつかのアイデアをブラッシュアップするもので、全員参加で次の行動に向けた行動計画やコミットを作ります。そして、最初の「Do」に戻ります。

この時、**リーダーは黒子となりラーニングサイクルが円滑に回るように関わります**。間違っても自分の中にあらかじめ決めておいた答えを声高々に言わないようにしましょう。

後はこのラーニングサイクルがチームで、個々の頭の中で、高速に回るように習慣化していけばいい。ラーニングサイクルが回るたびに、実務から多くの学びを得ることができ、問題を解決するたびにメンバーもチームも成長していきます。なお、ここでの成長とは、問題解決の向上と高い成果を出すための能力を指します。

このラーニングサイクルは、業種業態、肩書に関係なく、ビジネスパーソンとしての能力とチーム力を高めることに直接貢献するものです。

あなたのためにも、チームのためにも、ぜひ実践し、習慣化してください。

◆覚えておきたい大事なこと

ラーニングサイクルで「実力とチーム力」を高める

4章についての内省

□「マネジャー」「コーチ」「ファシリテーター」の3つを使いこなせそうか

□「メンバーの成長」にどのように関わっているか

□日常の中で「傾聴と質問」をどれだけしているか

□あなたの行動や言動は「対症療法」になっていないか

□「ラーニングサイクル」を理解し、実践することを決意したか

□「D→L→T→G」のサイクルで自信がある要素はどれか

□走りながら五感を使って〝生きた情報〟を集めているか

□あなたの「問題意識の高さ」はチームで最も高いと言えるか

□物事を「観察」と「洞察」のどちらで見ているか

□1日に何度、自問自答（内省）をしているか

第 5 章

チームの土台を築く
第1〜第3ステップ

【ステップ1 チーム意識】

「チームの一員である」という自覚を持つ

本章からチームビルディングの手法について説明します。

チームビルディングメソッドは、私が長年の経験則を体系化し、かつ、日々のコンサルティング現場での実践と検証を反映しつつ、常に進化しているものです。このメソッドは8つのステップから構成されています（左図）。本書ではこの8つのステップを3つの切り口で解説します。

最初はチームの「土台作り」の観点からステップ1〜ステップ3（本章）を、次に「フォロワーシップ」の観点からステップ4〜ステップ6（6章）を、最後に「リーダーシップ」の観点からステップ7〜ステップ8（7章）と進めていきます。

それではチームの土台作りからいきましょう。

チームの土台とは何か。土台はどうやって作るのか。これらはすべてのチーム（職場、学校、団体、家庭）に共通するものです。

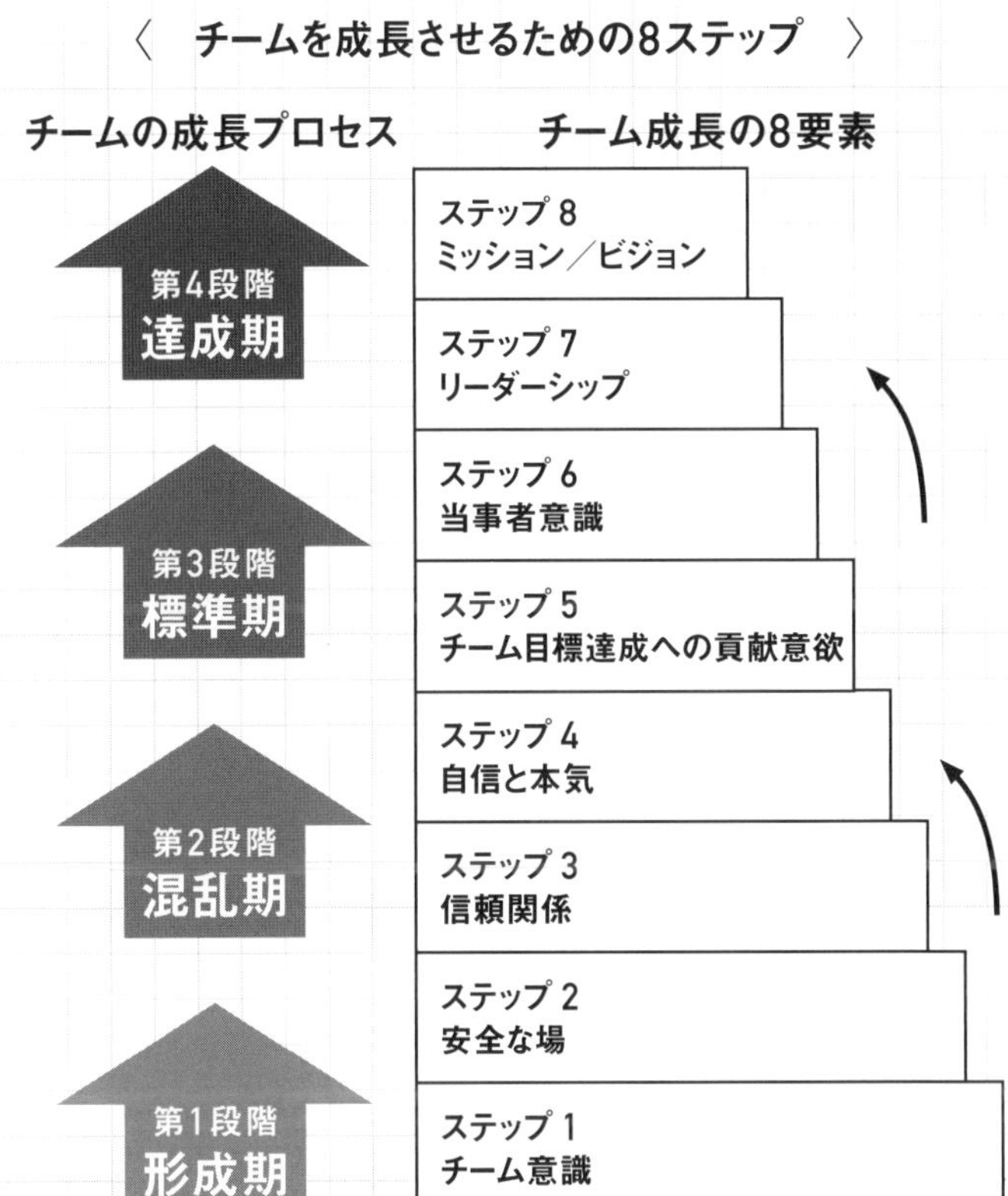

ステップ 1〜3　チームの「土台」を築く
ステップ 4〜6　チームの「フォロワーシップ」を引き出す
ステップ 7〜8　チームの「リーダーシップ」を強化する

この土台をしっかり作らなければ、チームもその場にいるメンバーも成長できずに枯れていきます。8ステップの中では、「ステップ1 チーム意識」「ステップ2 安全な場」「ステップ3 信頼関係」が土台作りの工程となります。それではステップ1から見ていきます。

「チームの一員」であるという自覚を持つ

ステップ1の「チーム意識」は、自分自身がチームに参加する目的や目標を明確にし、「チームの一員であるという自覚」と「チーム作りに主体的に参加する動機」を作るものです。

少し考えてみてください。あなたにチームの一員としての自覚はありますか？ 良いチームを創るために、日々具体的に取り組んでいることはありますか？

会社が決めた数字を達成するために行動することと、良いチームを創ることはイコールではありません。目標達成のために全員が頑張っても、「頑張っている個の集団」でしかなく、チームではないのです。

チームになるためには、リーダーシップとフォロワーシップが正しく機能する必要があります。これまでお話ししてきたように、多くの皆さんが認識しているリーダー像は、チームの成長にとってはネガティブな要素が多すぎます。日本のあらゆる組織はリーダーシップ過多、リーダーへの依存度が強すぎます。その結果、皆さんも嫌というほど痛感していると思いますが、有事の際には機能不全が露呈します。

リーダーが無能であれば、チームも無能になる。または、リーダーの能力を超える組織規模である場合は、リーダーの指示とチームの行動が同期しなくなり、その結果、混沌が生み出されてしまいます。

最も重要なのは、**「リーダーシップはフォロワーシップを機能させるためにある」**ということです。

フォロワーシップの詳細についてはステップ5以降で説明しますが、ここではリーダーを含め、チームを構成する全員がチームへ参加する動機（モチベーション）を持ち、自立的に他のメンバーと協働することと理解してください。ですから、**チーム力を高めたいのであれば、リーダーシップ以前にフォロワーシップを強化することが鉄則です。**

日本企業はリーダーシップトレーニングにはお金を出しますが、フォロワーシップトレーニングには、その重要性に気づかずにお金を出さない傾向があります。そもそも、フォロワーシップが何たるかを理解している経営者や管理職が少ないのが実情です。

ですからチームビルディングの重要性を理解した企業の中で、顕著に増えているのがフォロワーシップ強化のオーダーです。現在、入社2年〜5年目の社員を対象としてフォロワーシップ開発のプログラムに取り組んでいる企業が増えています。それも将来を支える組織の土台作りを念頭に中期視点で行っています。

「組織創り、チーム創りは誰の仕事ですか?」

さて、ここからは入社3年目の若手社員を例に話を進めていきます。この年次になると仕事にも少し慣れてきて、会社や組織の状況を客観的に見られるようになります。私は彼らにまず、この質問をします。

「組織創り、チーム創りは誰の仕事ですか?」

さて、何と答えるでしょう? 9割以上、ほぼ100%に近い人が「上司、リーダーの仕事です」と何の疑いもなく答えます。

それに対し、私はこう答えます。「違います。組織に関わる全員が取り組む仕事です。

そしてその重さは、社長も新入社員も変わりません」。

この言葉を伝えた後の受講者の表情がとても興味深いのですが、多くの方がキョトンとします。ちょっと難しいとかではなく、理解不能といった表情なのです。なぜ、キョトンとなるのか。それはこれまでの人生でそんなことを考えたことが1度もないからです。チーム創りが自分の仕事だなんて、1度も考えたことがない。常に家庭という器、学校という器、会社という器は、誰かによって用意されていたし、家庭を除き、その器に入ることがゴールで、その器創りに参加するという意識がなかった。

そういう人たちは、自分が目にしてきた集団をベースに、集団とはこんなもんだと認識している。では、あなたにとってその集団は居心地がいい場所ですかと聞けば、不満を言い始める。事実、本書の冒頭で話した「誰も行きたくない場所」になっていることが多いのです。

そうなるのは当然です。誰もチーム創りに参加していないのですから。

つまり、**チーム意識を持たない個人が何人集まろうが、「誰もが行きたくなるチーム」は絶対に創れない**のです。

そして2章の「高速船」のところでも説明したように、そのようなチームでは目標は達成できないし、成長もできません。

では、どうしたらよいのか。答えは簡単で、チームメンバー全員がチーム創りに参加すればいいだけ。重要なのはモチベーション、つまり内的動機です。それはあなた自身が本当に創りたいチームを鮮明にすることから始まります。

あなたにとって「良いチーム」とは？

朝起きて「会社に行きたい」と言えるとしたら、そこはどんな職場だろうか。どんな人間関係なら、どんな仕事なら、心からそう思えるか。

そのためには頭ではなく、**自分の「心」に聴く必要があります**。頭で考えると「以前、本で読んだ良いチームの定義」や、頭が捏造する「それらしい文言の羅列」しか浮かんできません。ですから何度も自問自答してください。どんな職場に「心から行きたい」と思うのかを。

以前、若手の研修で「皆さんにとっての良いチームとは何かを書いてください」と言ったら、いきなりスマートフォンを取り出して〝ググり〟始めた受講者がいました。それも

〈 「チーム意識」について考える3つの質問 〉

- □ 「チーム創り」は誰の仕事?
- □ あなたにとって「良いチーム」とは?
- □ あなたのチームが良いチームとなるために、あなたが「日々すること」は?

意外とたくさん。思わず「自分で考えましょう」と言ってしまいました。

ググった先にあるのは、あなた自身の理想とするグッドチームの姿ではなく、誰かが理想とするチームでしかないのです。

ポイントは自分自身との対峙、内省（心で考える習慣）です。それなしにはチームを創ることに対しての真のモチベーションは生まれません。

あなたも「あなたにとって良いチーム」をノートなどに書いてみてください。

さらに重要なのは、自分にとっての理想のチームに1歩でも近づくために、日々できることを明文化し、着実に実行することです。

この「日々できること」を書き出すと、内容がすごく抽象的、曖昧になることが少なくありません。また、それを実行するとしても「1週間に1回程度」しかやらないイメージしか持っていなかったりします。

それらを受講生に書いてもらうと、記載内容を見るだけでやる気がないことがすぐに分かります。私の経験では、やる気がない人の特徴は、言語が曖昧で回数も不明です。結局、何をしたいのか全然分からないことが多い。ですから、抽象的な言葉を使わずに、ワンセンテンスで書いてもらいます。そして「本当にできること」「たくさんできること」をまず1つ決めてくださいとアドバイスをします。

何から始めていいか分からない人には、「笑顔での朝の挨拶」をお勧めしています。どんな人も笑顔が生まれる職場を求めていると思いますから。

小さなことかもしれませんが、**こうした取り組みは「自分の居場所を作る力」を高めてくれます**。これは家庭でも趣味の集まりでも同じです。居場所を作る力を養っていくことは、**未来のすべての居場所を良いものにするために誰でも取り組めるものです**。この地道な実践こそが、肩書ではない本物の良いリーダーの資質につながります。

明文化された個々の理想のチーム像と行動をチームで共有し、お互いが何を目指しているのかを相互理解していく。そして、お互いに他の仲間のチーム像に近づくために支援します。つまり、自分の理想のチームへ近づく行動と、他の仲間の理想のチームに近づくための支援行動を全員で取り組むわけです。これは自己実現と他者実現への第一歩です。そして次第にメンバー間の絆が作られていきます。

個々の能力を発揮できる関係性とは？

私の経験として日本の集団にはとても顕著な特徴があります。それは「**個人が優秀でもチームは無能である**」というものです。日本のビジネスパーソンは潜在能力を含め、とても優秀だと認識しています。しかし、その優秀な人たちによって創られたチームはというと、無能なのです。

国の組織を見ても、高学歴の人たちによって創られた組織を見ても、驚くほどチーム力がないと感じることが多い。人事マネジメント全体から見れば、最終目的は「最強のチームを創る」ことなのに、採用は「良い人材」を取ることを目的に、研修は知識やスキルを付与することを目的に、評価は一律な基準によって評価することを目的にして動いています。これらがつながることで最強のチームが生まれると思いますか？

生まれるわけがありません。真逆です。それは「部分最適」になっていて、「全体最適」になっていないからです。人事部門ですら誰も良いチームをどのようにして創るのか、知らないのも問題です。

不幸を生み出しているのが「上下関係」

では、どうすればいいか。まず理解しなければならないことは、良い人材を集めても無能なチームになってしまう問題の本質の理解です。これは単純。リーダーをはじめ、チームメンバー全員の能力が発揮できる「関係性」があれば、パフォーマンスの高いチームができあがります。つまり今は、個々の能力が発揮できない関係性になっているわけです。

そこをまず理解しましょう。

それを実感していただくために簡単な質問を用意しました。次の質問の回答をノートなどに書いてみてください。

「あなたの組織（課、チーム）のリーダーとメンバーの関係はどうなっていますか？　図に書いてください」。これは研修でもコンサルでも必ず行うものです。

実際に書いてもらうと、約9割の人が組織図（階層図）を書きます。

私はこの階層図を見て言います。「これはチームではありません」と。すると皆が、けげんな顔で私を見ます。そんな人たちに私は次のように説明します。

「チームには上下関係はありません。**リーダーは単なる役割です**。上位者ではありません。

そして、組織における不幸を作り出している根源がこの上下関係です。

現代に生きる皆さんなら十分に理解していると思いますが、人間に上下関係などありますか？　そうです。我々は何人も平等です。社長、部長、課長、先生……。これらは役割につけられた名称であって、上下関係を示すものではありません。

役職名で呼ぶのをやめてニックネームや名前で呼び合う企業が増えています。役職名を〝力〟と勘違いした人たちが、それを行使してマネジメントしようとするからです。〝力〟を行使する組織は閉塞化します」

「リーダーは孤独」と言っている人は要注意

階層図をイメージしてマネジメントをしている人は、「無意識に部下を見下している」

可能性があります。これは親子関係や先生と生徒の関係でも同じです。

ときに「リーダーは孤独なものである」と言う管理職や経営者がいます。一見、かっこよさげですが、これは単なる誤解です。端的に言えば「命令を多用」するリーダーが孤独になるだけです。はっきり言います。そういうリーダーは嫌われます。

なぜ嫌われるのかというと、**人間は命令されたり強要されたりすることが何よりも嫌いな生き物だからです**。もし「嫌われてもいい。リーダーとはそういうものだ」と言う人がいたら、チーム、そして人間というものを理解していないと言えます。

ここまで説明をすると「上下関係」がもたらす弊害について理解してもらえます。ついさっきまで階層図は自分の中で常識だったのに、です。時代が変われば常識も当然変化しますが、こと職場においては、昭和の常識が今もずっとそのままで、私たちをがんじがらめに縛り付けているのです。しかし、そのことに疑問を持たない。持ったとしても事なかれ主義で続ける。悲しいかな、これが今の日本人の国民性です。

「では、どうすればいいのでしょうか」。皆さん、そんな質問をしてきます。そこでも私は「あなたとあなたの仲間が、伸び伸びと実力が発揮できる関係性とはどのようなものですか？」と質問で返します。

「えっ、自分で考えるの？」と思うかもしれませんが、もう、**答え探しから卒業してください**。あなたの仕事はどこかにある正解を探すことではありません。前例踏襲や画一的な答えを求める思考から離れ、自分の創造性と向き合ってください。

仕事とは「成果をより高めるために現状を創造的に変えていくこと」です。

あなたの仕事はまず、自分の頭（創造）と心（内省）で考えること。「仲間が笑顔になる関係とは？」「仲間が伸び伸びと自分の意見を言える関係とは？」「仲間が自立的に行動できる関係とは？」「仲間が学習し成長する関係とは？」といったことを内省しながら、それを実現できる関係性を描いてください。

◆覚えておきたい大事なこと

チームに「上下関係」はない

【ステップ2 安全な場（概論）】

「仲良しクラブ」を目指せ！

ステップ1の「チーム意識」が高まれば、バラバラだったチームが徐々に〝一体感〟を持ったチームへと変わっていきます。そうなったらステップ2に進みましょう。「安全な場」の構築です。3章でも紹介しましたが、「安全な場」の定義は次の通りです。

【安全な場とは】
非難否定のない本音が言える場・言い合える場

このような場をどう作るか。意外に思えるかもしれませんが、最初に目指してほしいのは「仲良しクラブ」です。

一般的に仲良しクラブは、「緊張感のない集団」として会社におけるチーム像とかけ離れたイメージを持っている人が多いと思います。「仲良しクラブになるな！」という経営者もいるほどです。

しかし、グッドチームになるためには、まずはこの仲良しクラブを目指してほしい。それは、「弱みを見せ合える関係」が必要になるからです。

私たちの「心理的距離」は、お互いの弱みを見せられるようになることで急速に近づきます。不平、不満、愚痴――。これらを互いに否定せず、受容し合う。そのうえでチームの目的や目標を考えていく。これが本音で語り合うということです。

この関係ができると、前向きな一歩を踏み出すためのBe（あり方）やDo（やり方）が、メンバー全員から出てくるようになります。

このプロセスなしに誰かが「べき論」を唱えても、心に響きません。弱みを見せられない雰囲気があると、「本音を封殺する風土」ができあがってしまいます。だからこそ、最初は仲良しクラブを目指すのです。

部下の不満を語るリーダーに忠告！ それはあなたの「あり方」のせい

ここで「安全な場」と「チーム力」の関係について補足しておきます。

一般論としてチーム力は「多様性」（ダイバーシティ）が活かされることで高まります。多様性とは端的に言えば、個々の個性や価値観を指します。また、互いの強みや弱み、専門性なども含まれます。

日本の職場では年齢、性別、社歴や肩書などが社内での影響力（発言機会や発言回数も含め）に大きく関係しています。本来、メンバー全員が平等に発言できることがダイバーシティ、あるいはチーム力を高めるための前提条件であることを理解しておいてください。特に影響力が強いリーダーは十分に気をつけなければなりません。

よくこんな不満を述べるリーダーがいます。

「うちのチームメンバーは自立性がなく、会議をしてもほとんど発言しない。結局、全部、私が決めないと動かないいんだよね」

こう話す人に普段の会議風景を尋ねてみると、最初から最後までその人が仕切っていて、会議の落としどころさえも始める前からほぼ決めているようでした。

もうお分かりだと思いますが、メンバーは「発言しない」のではなく、「発言する意義を見いだせない」のです。答えを最初から持っているリーダーは、会議を誘導します。本人は自覚がないかもしれませんが、言葉だけではなく、表情や態度を通じて有無を言わせ

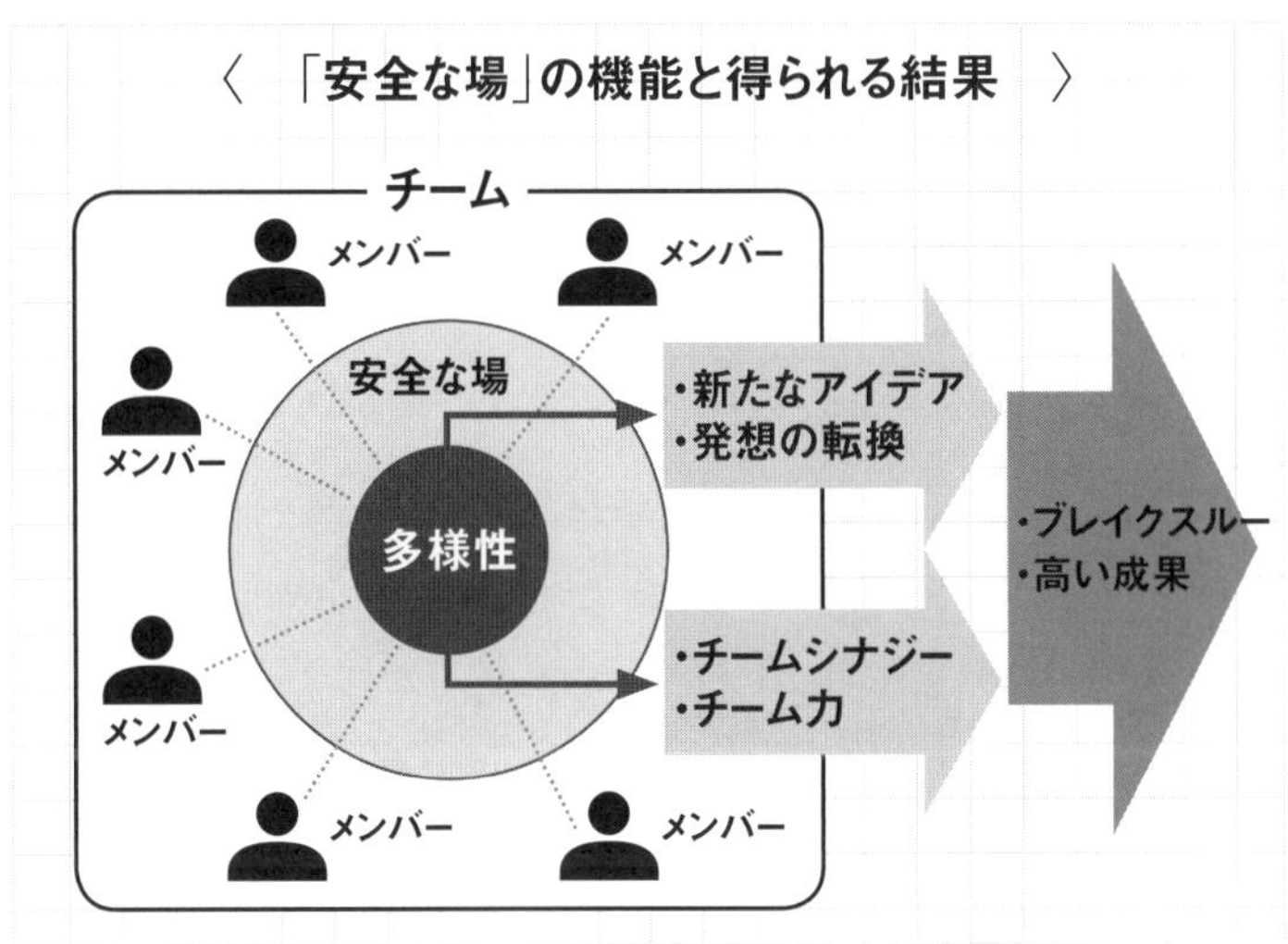

ない雰囲気を作っているのです。これは「安全な場」とは真逆の「危険な場」と言えるでしょう。

考えてほしいのは、「安全な場」とは、単に良い雰囲気のチームを創るためのものではないこと。仕事であれば、上図のように最終的に「ブレークスルーや高い成果」を生み出すために必要な場なのです。

「安全な場がないと多様性が活かされない」→「多様性が活かされないとシナジーが生まれない」→「シナジーが生まれないと個人の枠を超えた創造的な発想やアイデアが生まれない」→「創造的な発想やアイデアが生まれないとブレークスルーや高い成果は生まれない」わけです。

このように物事には順序があります。しかし、**ほとんどの経営者や管理職はこの順を無視し、最後の結果（ブレークスルーや高い成果）だけを求めます。**それはナンセンスです。そして部下の尻をたたく。もう、最悪ですね。

リーダーが高い成果を求めるのであれば、まずは「安全な場」を自分自身の手で作り出してください。それもやらずに部下を叱責するリーダーは、自分の役割を認識していないことと同じです。

◆覚えておきたい大事なこと

「安全な場」なくして、高い成果は得られない

【ステップ2 安全な場（ワーク）】

「ハートビーイング」でポジティブあふれる職場に

良好な人間関係を作るために有効な取り組みがあります。「ハートビーイング」です。これをメンバー全員で行うと、互いを思いやる気持ちが強くなり、チームの雰囲気が一気に明るくなります。ハートビーイングは楽しい取り組みなので、会社だけでなく、趣味の集まりや学校、家族の間でも試してみてください。

ハートビーイングは次の2つの目的で行います。

【ハートビーイング①】——ポジティブな表現を集める
【ハートビーイング②】——望んでいることを集める

まず①「ポジティブな表現を集める」をやってみましょう。

用意するのは大きな紙（模造紙）。最初に模造紙を壁に貼り、紙の中央に大きなハート

〈　ハートビーイング①　ポジティブな表現を集める　〉

成長
無表情　信頼　難しい
皆で達成　笑顔　きっと大丈夫
ハイタッチ
君ならできる
不機嫌そうな顔　愛　大好き　なぜやらないの？
ありがとう
握手　がんばろう
舌打ち　分からないの？
拍手　ハグ
怒鳴る　情熱　無視

大きい模造紙にハートマークを書き、メンバー全員で内側にポジティブな表現、外側にネガティブな表現を書き込む。ここでの「表現」とは、言葉、表情、態度、姿勢など

マークを書きます（できれば太い赤いペンで）。

そこにチームメンバー全員で、ポジティブな表現とネガティブな表現を書き出していきます（上図）。ここでの「表現」とは、言葉、表情、態度、姿勢などです。

例えばポジティブなものの場合、「言われてうれしいこと」「使いたい前向きな言葉」「やってもらうとうれしいこと」「してあげたいこと」をイメージするといいでしょう。そこから「ありがとう」「君ならできる」「信頼」「成長」「ハイタッチ」「笑顔」「ハグ」といったものが出てきます。ネガティブな方も同様にイメージして書き出してもらいます。

これでメンバーが考えるポジティブな表現

とネガティブな表現が〝見える化〟できます。これはチームメンバーの「好きなこと」「嫌いなこと」に置き換えて考えられます。何を大事にしているかも分かるので、よりチームメンバーの気持ちが見て取れるわけです。

私は研修や職場で様々なチームにハートビーイングを行ってもらっていますが、時間をかけてヒアリングするよりもチームの実情や風土がよく分かります。

集まった「ポジティブな表現」を活用する

あるチームはハートの内側が隙間なく埋まり、外側があまりない。また、あるチームはハートの外側が隙間なく埋まりハートの内側がスカスカ。あるチームはハートの外側に大きな文字で「飛び降りろ」とありました（部長の口癖だったそうです。少し前の話ですが、今なら一発でパワハラですね）。

ここで大事なのはハートの内側にあるポジティブな表現の活用です。

例えば、このハートを全員が見えるところに貼り出し、毎朝、仕事の前に見るようにします。ハートの中の表現を意識して活動することを約束して仕事を始めるのです。ハートの中の表現を1つ選び、今日1日、それを積極的に取り組むことを宣言してもいいでしょう。こうしたことを続けると、チームの中にポジティブな空気があふれていきます。

「何をしてもらいたか」が見えてくる

次は、②「望んでいることを集める」もやってみましょう。

私たちの社会のトラブルの80%が人間関係だといわれるほど、コミュニケーションは難しいと考えられています。それは親子であっても同様です。私自身もとても苦手です。しかし、チーム創りの成否はこの人間関係の良しあしで決まると言っても過言ではありません。ここは避けては通れません。この問題に対する解決策を手に入れられたら、人生の80%の問題から解放されるわけですから。

実は私自身も目から鱗だった**人間関係をよくする究極の原則があります。それは「相手の望むことをしてあげる」**です。これに尽きます。

多くの人間関係のトラブルの原因は、その逆「望むことをしてくれない」「分かってくれない」なのです。

コミュニケーションはギブアンドテイクです。まず、与えることが先決です。そしてそれは返ってきます。ところが私たちの多くは、最も身近な家族にも職場の仲間にも「どんな関わり方をしてほしいか」「どんな言葉がけをたくさんしてほしいか」「どんな表情で接してほしいか」あるいは「どんな関わりをしてほしくないか」「どんな言葉を使ってほしくないか」などを聞くことがありません。

目の前のあなたにとって大切な人が求めるものは、このような質問によってしか得られないのに、誰も聞かない。そして、何をやり出すかというと、ノウハウ本を読んだりセミナーに参加したりして、**知識と情報を駆使して相手が望んでいないことをやり出す**。

これも「Ｄｏ偏重」の結果でしょう。重要なことは「Ｂｅ」、目の前の人と向き合うことです。目の前の人が心から求めていることを引き出し、それを真摯に実践することです。

といっても、昨日まで不機嫌そうな顔の上司が満面の笑みで「どんな関わり方をしてほしいですか？」と質問してきたらどうでしょうか。うさん臭さ満載ですね。ですから、それを行う主旨や目的をきちんと話してから始めてください。

最初はなかなかうまくいかないことが多いと思います。人生でそんなことを聞かれたことがほとんどなかったわけですから。面食らいます。けれども、それでいいのです。最初

〈　ハートビーイング②　望んでいることを集める　〉

<リーダーのAさんへ>
会議では最初にみんなの考えや意見を聞いてほしいです

<Bさんへ>
一人で考え込まず、まずは相談してほしいです

<みんなへ>
困ったときは何でも言ってください。
みんなのことが大好きです。
いつでも全力でサポートします。

メンバー全員にハートマークを書いたA4用紙を配り、
そこに他のメンバーに対する自分へのかかわり方の要望を書いてもらう

はゆっくり時間をかけて内省をしてもらいます。表面的なものでも構いません。繰り返し行う中で深化が起こります。これは内省のトレーニングです。内省の力が深まればモチベーションを生み出す力も本質的な選択をする力も高まっていきます。

次は、チームで「望んでいること」を集めてみましょう。

今度は大きな模造紙ではなく、A4サイズの紙にハートを書き、全員に配ります。そこに具体的に要望を書いてもらいます。

ここで注意してもらいたいのは、ただ「要望を書いてください」と言うと、本心を反映していない表面的な文言を並べる人が意外と多いこと。例えば「内容をもう一度読んで、

そのような関わり方を周囲がしてくれたら、心から会社に行きたいと思えますか？」と質問すると、あらためて考え込んでしまう方が大半なのです。

ですからここは、時間をかけて内省しながら書いてもらいます。仲間の顔を浮かべながら「リーダーがこんな関わり方をしてくれるなら、今よりも格段に会社に行きたくなるな」「同僚のAさんがこんな関わり方をしてくれたらすごくうれしいな」など、具体的なシーンをイメージしながら書いてもらいます。

「自分はどうすべきか」を考える

全員が書き終えたら名前を記入し、壁や掲示板などに並べて貼っていきます。そして、貼られたものを見て、「自分への要望」をメモしていきます。それが「仲間があなたに心から望む関わり方」です。

それをとにかくたくさん実践する。内容が曖昧な場合は、本人に詳しく聞いてもいいでしょう。相手が本当に望むことを正確に理解することが重要だからです。

先ほど〝たくさん〟と言いましたが、「量」が重要です。「ありがとう」と言ってほしい仲間に、1日1回よりも10回、10回よりも100回言う。

ここで「何もしてもらっていないのに『ありがとう』とは言えない」と言う人もいます。以前、私も「1日100回、『ありがとう』を言う」と決めたことがありました。当初は本当に100回も言えるか分かりませんでしたが、ところが、ささいなことも見逃さないようにして「ありがとう」を言い続けた結果、すぐに100回を言い終えました。以前は1日1回も「ありがとう」を言わない日が多かったのに、です。

私の日常が劇的に変わったわけではありません。同じような日常です。つまり、それだけのことをしてもらっていることに気づきもしなかったのです。感謝の気持ちもなければ、相手に興味関心も持っていませんでした。

結果、**ほとんどすべての善意をスルーしていました**。もちろん、故意にやっていたわけではありません。私にとってそれは驚愕の事実でした。私はいつの間にか傲慢な人間になっていたのです。それに気づきました。

今、他人に興味のない人が激増しています。そのような人に「他人に興味を持ちなさい」と言っても何も変わりません。しかし、**ハートビーイングのような取り組みをすると、他人に興味を持つようになります**。ぜひ、実践してみてください。

紹介した2つのハートビーイングの取り組みは、定期的に行ってバージョンアップを図るとなお良いです。ポジティブな存在になる気持ちがより深まります。

また、念のため言っておきますが、この取り組みが効果を発揮するのはステップ1の「チーム意識」がしっかりできあがっていることが前提であることもお忘れなく。

◆覚えておきたい大事なこと

心の距離を縮める「ハートビーイング」を実践する

【ステップ2 安全な場（心理学的背景）】

関係構築に必要な「基本的欲求」を満たす

チーム創りの取り組みは、心理学的な背景に基づいています。内的心理学は国籍、性別、年齢問わず、すべての人間に共通したものです。それらを理解し、あなたの日常に活用できれば、人間関係での悩みは激減します。そこでここでは、「安全な場」を築くための2つの原理原則を紹介しましょう。

【「安全な場」を築くための原則1】

人間は「基本的欲求」が満たされることでモチベーションが高まり、阻害されることでモチベーションが低下する

【「安全な場」を築くための原則2】

人間は「基本的欲求」をより満たしてくれる人に好意（信頼関係の源泉）を持つようになり、貢献欲求が高まる

まず第1原則から。例えば、あなたの職場や家庭が暗い、自分を含めて同僚や家族のモチベーションが低い、前向きになれない人が多い場合、それは**単純にその職場や家庭で「基本的欲求」が満たされていないからです**。つまり、基本的欲求さえ満たすことができれば、その問題は解決します。

次に第2原則。私たち人間は嫌いな人と信頼関係は結べません。ですから信頼関係以前に「好意」、つまり「良い人そうだな」というポジティブな印象が必要になります。では、どんな人に好意を持つか。これはシンプルです。自分の基本的欲求を満たしてくれる人です。逆に言えば、**相手の基本的欲求さえ満たすことができれば、私たちは誰にでも好かれる**ということです。

そして、好意から始まった関係が深まることで信頼関係へと深化していきます。さらに信頼関係が深まれば深まるほど、互いに相手のために「役に立ちたい」「何か力になりたい」といった貢献欲求が強くなります。

もし、あなたが職場で困っているときに誰も助けてくれないとしたら、それは職場の仲間が冷たいのではなく、あなたが職場の仲間の基本的欲求を満たしていないということです。仲間の基本的欲求を満たしていれば、全員から「どうしたの？」「何か手伝えることはある?」といった声が掛かるでしょう。

特にリーダーや先生であれば、この関係性は業務やクラス運営に直結します。部下に「協力的ではない」と嘆く前に、自分自身が部下や生徒の基本的欲求を満たしているか内省してください。

このように相手の基本的欲求を満たす関わりが、いかに重要かお分かりいただけたと思います。何度もくぎを刺しますが、コミュニケーションの知識やスキルを詰め込んでマニュアル通りに実行しても、相手が望まないことをすると基本的欲求は満たされません。そのような関わりには、全く意味がないことを理解してください。

コミュニケーションで重要な「基本的欲求」

次に、重要な「基本的欲求」について説明します。基本的欲求とは「愛・所属」「力・価値」「自由」「楽しみ」「生存」の5つの総称です。この中で「生存の欲求」だけが身体的欲求になります。

それぞれの欲求を満たすためには「実感」が必要です。「生存の欲求」は分かりやすい

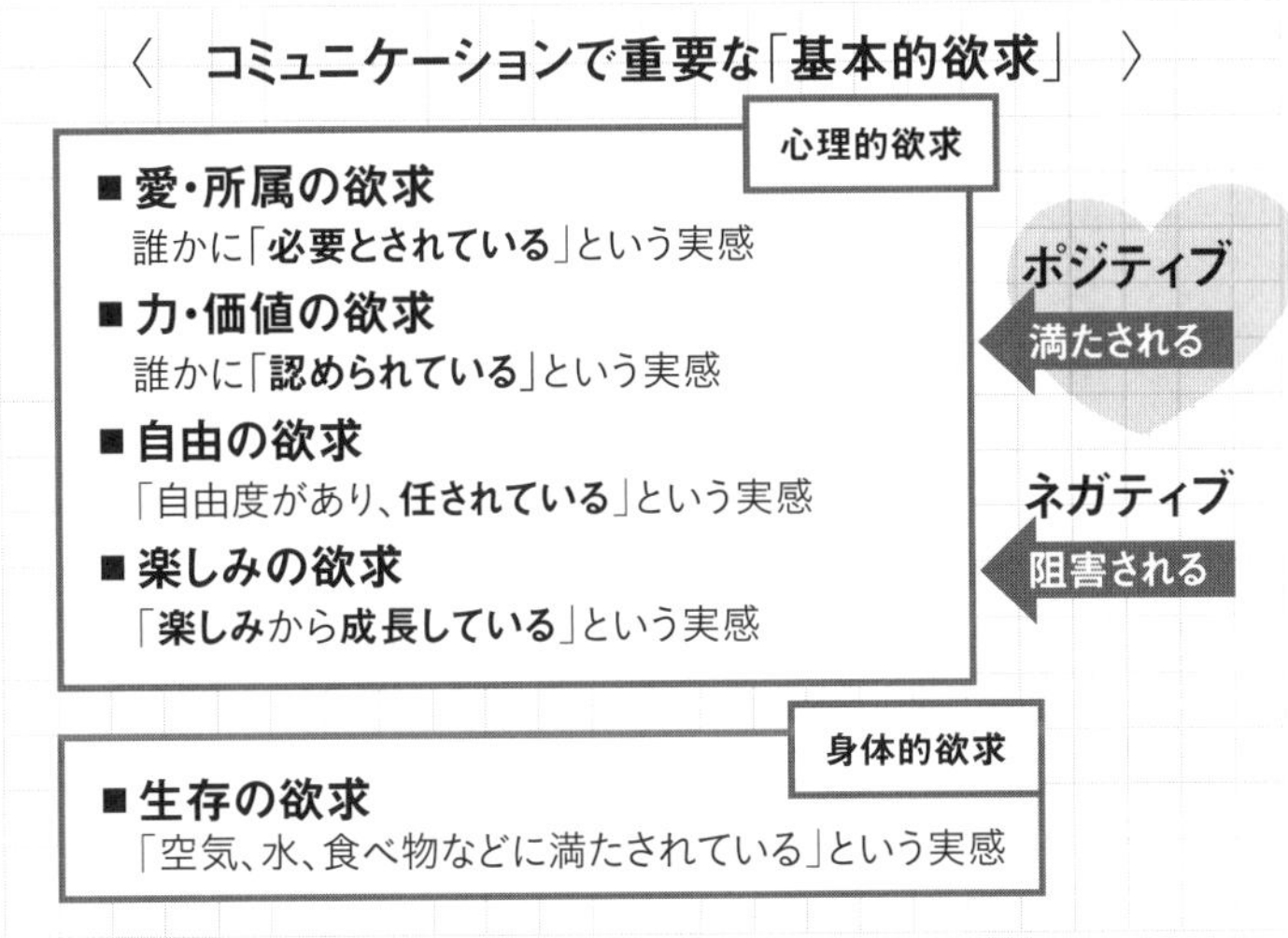

〈 コミュニケーションで重要な「基本的欲求」 〉

心理的欲求

■ **愛・所属の欲求**
誰かに「**必要とされている**」という実感

■ **力・価値の欲求**
誰かに「**認められている**」という実感

■ **自由の欲求**
「自由度があり、**任されている**」という実感

■ **楽しみの欲求**
「**楽しみ**から**成長している**」という実感

ポジティブ 満たされる

ネガティブ 阻害される

身体的欲求

■ **生存の欲求**
「空気、水、食べ物などに満たされている」という実感

ですね。空気、水、食物を食べなければ（満たさなければ）私たちは死んでしまいますから。これはとても強い欲求です。

残り4つの欲求は「心理的欲求」と呼ばれます。この4つの欲求も身体的欲求と同じようにとても強いものです。

それでは一つずつ説明していきましょう。

①「愛・所属の欲求」——誰かに必要とされている実感

心理的欲求の中で最も強く、土台となる欲求です。愛・所属の欲求は誰かに必要とされているという実感を得ることで充足されるものです。

まずは、愛。人間の感情の中で愛する、愛されるという感情は最も重要な欲求で、これは世界共通です。ところが日本人、特に男性はこの言葉を口にしたり、行動や関わりで表現することに消極的です。ですから、日常的にとても満たしにくくなっています。ギブアンドテイクの原則通り、与えないものは得られません。ですから、自分自身も愛されているという実感が得られないのです。

改善方法は簡単です。「愛してる」という言葉をしっかり伝えることです。コミュニケーションは100%他者評価です。伝わっていると思っていてもほとんど伝わっていないのが世の常です。今はもう「沈黙は金」という時代ではありません。

そして一方の「所属」はまさに必要とされているという実感によって満たせます。

ここであなたに2つ質問です。1つ目は「愛」の欲求。「あなたは1日の中で何度、愛していることを言葉や行動で伝えていますか?」2つ目は「所属」の欲求。「あなたは1日の中で何度、心から必要としていることを伝えていますか?」。

このような言葉をほとんど言わない、表現しないとしたら、あなたの周りが暗くなるのは当然です。朝から不機嫌そうな顔か無表情で、言葉も少なく、何をしてもらっても当たり前と思っている。1日1回も感謝することもない。もし、あなたがそれに近い日常を送っているとしたら、職場や家庭や学校を暗くしているのはあなた自身です。

愛・所属の欲求ではもう一つ、とても重要なことがあります。それは幸福度に直結しているということです。幸福度は「あ〜幸せだな」と思う度合いのことです。愛・所属の欲求が満たせない人は、幸福度が低くなります。何事にも後ろ向きになり、元気もなく、不幸そうに見えます。逆に愛・所属の欲求が満たせている人は、とても明るく前向きで、幸福度も高い。表情も柔和な人がとても多い。

なぜ、上司のようになりたくない若手が多いのでしょうか。上司は仕事もできるし、一所懸命に取り組んでもいる。しかし、部下は「出世したくないと言う」。それはリーダーである、「あなたが不幸そうに見えるから」と言いたい。Do偏重のリーダーはとにかくBeが弱いことが多い。基本的欲求は究極のBeです。**基本的欲求を満たそうとしない人には誰もついていかないし、魅力も感じません**。これは厳しいようですが、まぎれもなく真実です。

「求心力」は、肩書や権力ではなく、他者の基本的欲求を満たす力を高めることで得られるものです。当然、それは自分にすべて返ってきます。まだ1つ目の欲求ですが、まずは、この「愛・所属の欲求」を満たせる人間になってください。

②力・価値の欲求——誰かに認められているという実感

ここから説明する3つの欲求は、性格と同じように個人によって強弱があります。メンバーをよく観察すると、どの欲求が強いか分かるでしょう。

力・価値の欲求は、誰かに認められているという実感によって満たされる欲求です。この欲求は職場で満たしやすいもので「売上目標を達成する」「ナンバーワンになる」「競争に勝つ」「褒められる」「評価される」など様々なものがあります。

力・価値の欲求が強い人は、成果が実感できない環境にいると急激にモチベーションが低下します。実感できない環境とは「達成感がない」「褒められない」「評価されない」場所です。ですから、どんな小さな成果や変化でも、それを捉え、褒めることが重要です。

③自由の欲求——任されているという実感

「自由の欲求」は自由度があり、任されているという実感によって満たされます。業務をマニュアル化することによる生産性を高める取り組みはどこでも行われていますが、それに適さない人材がいるということも理解してください。

自由の欲求の強いメンバーに「すべてこのマニュアル通りにやってください。心配しなくても大丈夫」などと依頼すると、その瞬間にモチベーションが下がります。「私じゃなくてもできるし、つまらない」となります。

このタイプには創意工夫の余地を残すことが肝です。「基本的にはこのマニュアル通りでできるけど、Aさんはとても発想力が豊かなので、創意工夫をしてもっと良い方法を提案してほしい」と伝えると、同じ仕事でもぐっとモチベーションが高くなります。

メンバーの実力をしっかり把握したうえでの裁量の与え方、さじ加減の調整がリーダーの手腕となります。

④楽しみの欲求――楽しみながら成長しているという実感

「楽しみの欲求」は、楽しみながら成長しているという実感によって満たされます。この欲求が強い人は、雰囲気や人間関係をとても大切にします。「職場に笑顔がない↓息が詰まる」「職場に会話がない↓ギクシャクしている」といった解釈になりがちです。

特に問題となるのは上司の雰囲気です。

「上司がいつも不機嫌そうに見える」。これだけで極端にモチベーションが下がります。ですから、職場に笑顔がないだけで、楽しみの欲求が強いメンバーのモチベーションが下がることを理解しておきましょう。

◆覚えておきたい大事なこと

他者の基本欲求を満たせる自分になる

【ステップ2 安全な場（基本的欲求の注意点）】

「いびつな欲求充足」は不幸の源

ここまでで基本的欲求の概要はお分かりになったかと思います。ここではさらに深掘りしていきます。

まず「自由の欲求」から。大げさな話に聞こえるかもしれませんが、人類の歴史の中でなくならないものがあります。戦争や紛争です。昨今も香港のデモをはじめ世界中で争いが続いています。不幸にも亡くなる方もいます。いったい何が起こっているのか。それは自由を勝ち取るために命を懸けるという人間の本質が表れています。命を懸けるほどに私たちにとって自由は重要なものだということです。

「命令」は自由を奪う行為だと理解する

このような話をすると、対岸の火事で自分には関係ないと思いがちです。ですが、そんなことはありません。これは私たちの問題なのです。

これまでお話ししてきた昭和的チームOSの中核にある「**強制力**」、**それを具体的に行使するための道具である「命令」**、**これらは直接的に自由の欲求を阻害します。**

自分の考えや想いを無視し、上から「これをしろ」「これはするな」と言われる。もしくは言葉にしなくても話を聞こうとしない。これは「お前の意見など求めていない」と宣言しているのと同じことです。

「安全な場」を築くための原則2の通り、人は欲求を満たしてくれる相手に好意を持ちます。では、欲求を阻害する相手にはどうでしょう。

そうです。嫌います。それもときには生理反応レベルで嫌います。ですから、再三にわたってお話ししてきたように、**命令を多用すると簡単に嫌われるのです**。**たとえ親子でも親友でも同じです**。**人間である以上同じです**。

上司だから先生だから親だからというだけで、命令することを正当化していませんか？悪しき上下関係を体現し、自らが不幸の発信源になっていることに気づいてください。

さて、ここで矛盾を感じませんか？命令を嫌がる人間がなぜ命令という道具を多用するのか？ここが人間の厄介なところですね。

どうにもならずに「征服欲」で満たそうとする

「力・価値の欲求」については、もう一つの側面があります。「征服欲」です。他者を自由にコントロールしたいという欲求です。これも厄介です。

私たち人間は誰しも「征服欲」を内在しています。そして、欲求充足には**「満たしやすいときに満たしていく」**という特性があります。

ここでもう一度、基本的欲求の全体像に戻りましょう。

それぞれの欲求充足に最も大きな影響を与える存在は「最も身近な人たち」です。結婚していればパートナーで、子どもたちに最も大きな影響を与えるのは親ですね。続いて、学校では担任の先生や友達、職場では直属の上司や同僚になります。

そこで質問です。

あなたは身近な人の基本的欲求をしっかり満たしていますか？　そして、その結果としてあなた自身が基本的欲求を満たせていますか？

今、「集団の中の孤独」がまん延しています。ＳＮＳやネットでたくさんの人とつながっても、私たちの欲求（精神的エネルギー）を本当に満たしてくれるのは、生身で会える身近な人たちが中心になります。これが滞ると私たちの精神エネルギーは枯渇し、簡単にメンタルが病んでいきます。

なぜ、私たちは一人ではなく、集団で生活するのでしょう。常に人間関係を煩わしいと感じている人もいるのに、世の中のトラブルの80％が人間関係と言われるのに、です。

それでも**集団で生きるのは、私たちの精神エネルギーの補充は1人では行えないからです**。今、あなたは心から会いたいと思える人を何人思い浮かべられますか？　あなたに心から会いたいと思ってもらえる人が何人思い浮かびますか？　世界中が敵になっても、あなたの味方でいてくれる人がいますか？　あなたの部下は、あなたの子どもたちは、そしてあなたのパートナーは、あなたをそういう存在として認識していますか？　そういう存在になるために行動することを「愛を満たす行為」と呼びます。

ここである部長さんの例を紹介しましょう。彼は残念なことにパートナーとの関係が冷え込んでいました。毎日、帰宅したくない彼は、行きつけの飲み屋を巡回するような日々を送っていました。子どもたちからも冷たくあしらわれ、会社では部長職ということで表面的には持ち上げてもらえるものの、相談などは皆無で、疎まれていると感じることすらありました。

これでは「愛・所属の欲求」は全く満たせないでしょう。けれども、これは誰もが陥る状況なのです。基本的欲求は満たされないと生きていけないほどに強いものです。欲求が充足できないとき、私たち人間はどのように対処するのか。それは行動を変えることによってしか対処できません。ここで取れる大きな選択肢は2つです。

1つはパートナーを変える。または職場を変える。これはドラスティックな選択肢なので、すぐに踏み切れるものではありません。

もう1つの対処方法があります。他の欲求で代替することです。

仮にこの部長さんにお金や時間が潤沢にあるなら、好きなゴルフに興じたり、大好きなお酒や気の合う仲間と談笑したりするなど、お金と時間をかけて「自由」や「楽しみ」の欲求を満たして帳尻を合わせることができます。

また、業績がとてもよかったり、称賛を得るような仕事ができていたりすれば「力・価値の欲求」が満たされ、何とか踏みとどまれます。

ところが長らく激務が続き、ゴルフやお酒に費やす時間が取れない、業績が悪く何をやってもうまくいかないなど、八方ふさがりになったらどうなるか。この状況で「満たせるもの」は何か？

実はそれが「征服欲」なのです。いつもならとても温厚な性格なのに、声を荒らげて「早く成果をだせ！」「いったい何をやっているんだ！」と部下に叱責を始めたりします。結果、パワハラで訴えられるケースも……。あなたは、この話は架空のものとして一笑に付すことができますか？　これは特別なことではありません。基本的欲求を充足できないことによる不幸です。そして誰しもが同様のリスクの中にいます。

「いじめ問題」も根っこは同じ

子どもたちも同じです。今、学校を覆う暗雲があります。いじめの問題です。ニュースなどではいじめを受けた子どもたちが取り上げられることが多いですが、私はいじめをする子どもたちを心配しています。

この部長さんの例がそのまま当てはまるからです。子どもたちにとって影響が大きいのは親です。心では子どもたちのことを愛していても、いつも仕事で忙しくイライラしていたり、会話やコミュニケーションの時間が少なかったりすれば、子どもたちの欲求は満たされません。

コミュニケーションは100%他者評価です。心は見えません。口を開けば「勉強しろ！」「もっと頑張れ！」「あんな友達とは付き合うな！」としか言わなかったらどうなるかは、もうお分かりですね。**家庭で最も重要な「愛・所属の欲求」は全く満たせません。**

それでも親友がたくさんいて元気に遊ぶ時間があれば「自由」や「楽しみ」の欲求を満たすことで何とか帳尻を合わせられるかもしれません。ところが、連日のように塾や習い事で埋め尽くされている。それもやらされ感満載で……。

この例でも選択肢がいくつか出てきます。家で満たせないのであれば本当に自分を必要としてくれる人を探しに家出をする。もう一つは、部長さんと同様に「力・価値の欲求」が裏返り「征服欲」が出てくる。学校でそれを行使できる同級生を見つけて実行する。もしそうなら、いじめをする子どもを罰することがいじめの表面的な抑止になったとしても、本当の解決になると思いますか？ **本当の解決は子どもを愛することを親が本気で学び、実践すること**ではないでしょうか。

80%を占める人間関係のトラブルは小手先の知識やノウハウで解決できるものではありません。自分自身を含め「人間とは何か」の理解から始まるのです。

目の前の人ときちんと向き合って、その人が心から望むことを理解し、真摯にそしてたくさんしてあげる。そのためには、このステップ２で紹介した内容を着実に進めてください。

□ポジティブな存在となる
□チームにとってのポジティブとネガティブを理解する
□1日を通じてハートの内側の表現を意識して行動する
□基本的欲求を理解し、目の前の相手が心から望むことをする

◆覚えておきたい大事なこと

「征服欲」で自分を満たしてはいけない

【ステップ3 信頼関係】

あなたにとって大切な人とは？

チームの「土台作り」の最後は、ステップ3「信頼関係」です。

これほどよく耳にする言葉なのに、現代においてここまで容易に得られないものはないでしょう。「信頼関係」はチームが本来持っている力や可能性を生み出すために最も重要なものです。結論から言えば信頼関係がないチーム（職場、学校、団体、家庭）は絶対にグッドチームにはなりません。ですからグッドチームを創るための最大のテーマが「信頼関係の構築」と言えます。

そのための前提は、これまで説明してきたステップ1「チーム意識」、ステップ2「安全な場」をしっかり形にしていくことです。そしてこれからお話しすることの本質を理解し、真摯に実践してください。

信頼関係も安全な場と同じように内的心理学が深く関わっています。まず、あなたにお願いがあります。目を閉じて「あなたにとって大切な人」を思い浮かべてください。

誰が浮かびましたか？　さらに質問です。「その中に会社の上司、同僚、部下（会社の仲間）はいたでしょうか？」。

私がコンサルや研修の場でこの質問をしたとき、いったい何人が手を挙げると思いますか？　最小はゼロ、多くても1～2割です。

ここで私たちの認知の仕組みについて説明します。

私たちは外界を認知するために、「視覚」「聴覚」「触覚」「味覚」「臭覚」の五感を通して情報を得ています。研究や調査によっても異なりますが、80％以上の情報を視覚から得ています。聴覚は10％前後で、残りは他からだといわれています。

ですから、言葉よりも「見えているもの」がコミュニケーションに大きな影響を与えます。「見えているもの」とは、今、あなたの視界に入っているものすべてです。しかし、目を閉じて今見えていたものを思い出そうとしても、完璧にイメージするのは難しい。そこで思い浮かんだものが「認知したもの」となります。

つまり、「見えているもの」（網膜に映ったもの）と「認知したもの」（思い浮かべられるもの）には違いがあるわけです。

では、どうして「見えているもの」と「認知」には大きな差が生まれるのか。これは諸説ありますが、五感によって得られた膨大な情報をダイレクトに脳にインプットすると脳は処理しきれずパニック状態になる。そのため、私たちには自分にとって重要な情報だけを認識する認知システムが備わっているからだそうです。

網膜に映った情報は「五感価値フィルター」によって重要なものだけが透過され、認知されます。この重要なものを記憶している領域を私たちは「宝物リスト」と呼んでいます。

例えば、最近お子さんが生まれた人であれば、「あなたにとって大切な人は誰ですか？」と問われれば、すぐにお子さんの顔が浮かびます。ゴルフ好きな人に「あなたが今、一番やりたいことはなんですか？」と問えば、ゴルフがすぐに浮かびます。

そして五感価値フィルターは、この宝物リストに入っているものは透過（認知）しますが、それ以外はブロック（認知しない）します。

つまり私たちの認知システムは「五感価値フィルター」を通して、自分にとって大切なもの、興味関心のあるものしか認知しない」という特性があるのです。

先ほどの質問を言い換えると、「あなたの宝物リストの中に仲間（上司、同僚、部下）はいますか？」になります。**仲間が宝物リストに入っていないなら、職場で仲間が見えていても認知していないことになります。**

実際の例でお話ししましょう。

毎日、顔を合わせていても、認知していない

A課長は部下のBさんから退職願を渡されました。A課長は「Bさんが突然辞めると言ってきた」と言うのです。ところが同僚によると「Bさんは数カ月前から元気がなく、声をかけても『大丈夫』と繰り返すばかりでした」と心配している様子がうかがえました。A課長とBさんは同じフロアの同じ島に席があります。どう考えても日常的に視界に入っています。

さて、ここから何が言えるでしょうか。A課長はBさんを目にしてはいたものの、認知してはいなかった。認知システムの定義で言い換えると「A課長にとってBさんは、大切な人でも、興味関心のある人でもなかった」となります。

昨今、直面している大きな課題があります。それは他人に興味のない人が増殖しているという事実です。現実に業績不振のチームや離職率の高いチームの共通点は、何となく想像がつくと思いますが、誰の宝物リストの中にも職場の仲間が入っていません。

チーム運営をするうえで、メンタルヘルスの知識は必須です。その教科書のような本にこんな一文があります。

部下を心の病にしないために上司が取るべき行動その1「部下のちょっとした変化に気づくこと」。

さて、他人に興味のない人が多い中、部下のちょっとした変化に気づけるでしょうか？よくこの話をすると「忙しくて時間もない。全員の部下と話なんかできない」と言うリーダーがいます。確かにそれはあります。しかし、自分の「宝物リスト」に部下が入ってさえいれば、視界に入るだけで変化に気づきます。あなたの大好きな人が視界を横切っただけで、それに気づくように、です。

ですから「時間がない、忙しい」は、ただの言い訳にすぎません。**部下を大切に思っていない、あるいは他人に興味関心がないことが、この問題の真因です**。

さて、ステップ3の信頼関係でなぜこの話をしているかというと、この認知システムを使って信頼関係とは何かを具体的に説明できるからです。

信頼関係について私とAさんの関係を例に話をします（次ページの図）。

まず、私の宝物リストの中にAさんが入っている状態。これによって私はどんなに忙し

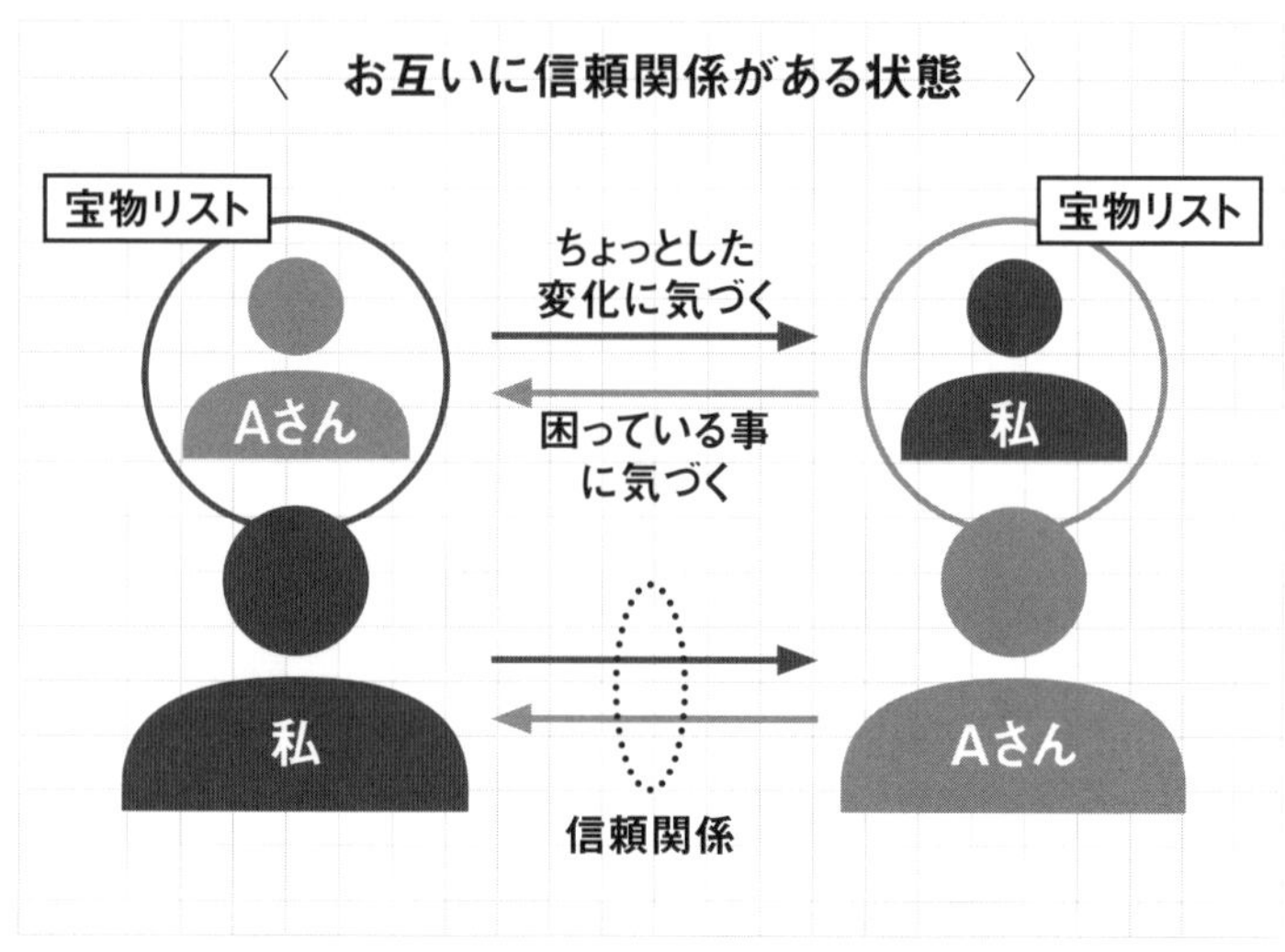

くても視界に入りさえすれば、Aさんの「ちょっとした変化に気づける」ようになります。しかし、これでだけでは一方通行ですから信頼関係とは言えません。

同様にAさんの宝物リストに私が入っていることで双方向になります。これによってAさんは私のちょっとした変化、例えば私が困っているときなどに「どうしたのですか？」「何かお手伝いしましょうか？」などの声がけをタイムリーにしてくれるようになります。

このような話をしていると、こんなことを言う人が必ずいます。「話は分かるけど、嫌いな人まで宝物リストに入れなければならないの？」と。当然の疑問です。もちろん、嫌いな人は宝物リストには入りません。ですから、入れなくて結構です。

それを聞いて「入れなくていいのか」と安堵していませんか？

極論すれば、自分の宝物リストは気にする必要がありません。**「重要なのは自分が先に相手の宝物リストに入ることです」**と話すと、驚いた顔で「えっ、そんなの無理でしょ」と言う人がいます。実は相手の宝物リストに入るのは簡単です。

どんな人が宝物リストに入るのか

私たちは誰を、何を宝物リストに入れるのか。それは「自分の基本的欲求を満たす人、事、物」を入れます。要は、相手の基本的欲求を満たせばいいだけです。何をすればいいかはステップ2を復習してください。それを続けることで、相手の宝物リストに入ることができます。

そして、相手のモチベーションは高まり、好意が信頼となり、そこから貢献欲求が生まれ、強化されていきます。結果、自分が困っているときに助け合える関係性ができあがります。

気を付けないといけないのは、人は好きな相手には自然と優しくなり、嫌いな相手には冷たくなることです。ですから、取り組み始めはかなり意識して相手の望むことを理解し、自己演出を徹底し、関わりを深めることが成否のカギです。

面倒くさいと思ったあなた、だからあなたの周りは活気がないのです。

この取り組みはすべて最終的には自分に返ってきます。それを信じて辛抱強く取り組んでください。

同じ言葉でも誰が言うかでパワハラになる理由

ステップ3の最後にとても大事な話をします。「ハートの大きさ」についてです。

まずは左の図を見てください。左から「小さいハート」「標準サイズのハート」「大きなハート」が並んでいます。ハートの内や外に「よくやった」「バカ！」と言葉が書いてあります。

これは同じ言葉をかけられても、ハートの大きさで「ポジティブに受け取るか、ネガティブに受け取るか」が変わることを示しています。

〈 同じ言葉でもハートの大きさで捉え方が変わる 〉

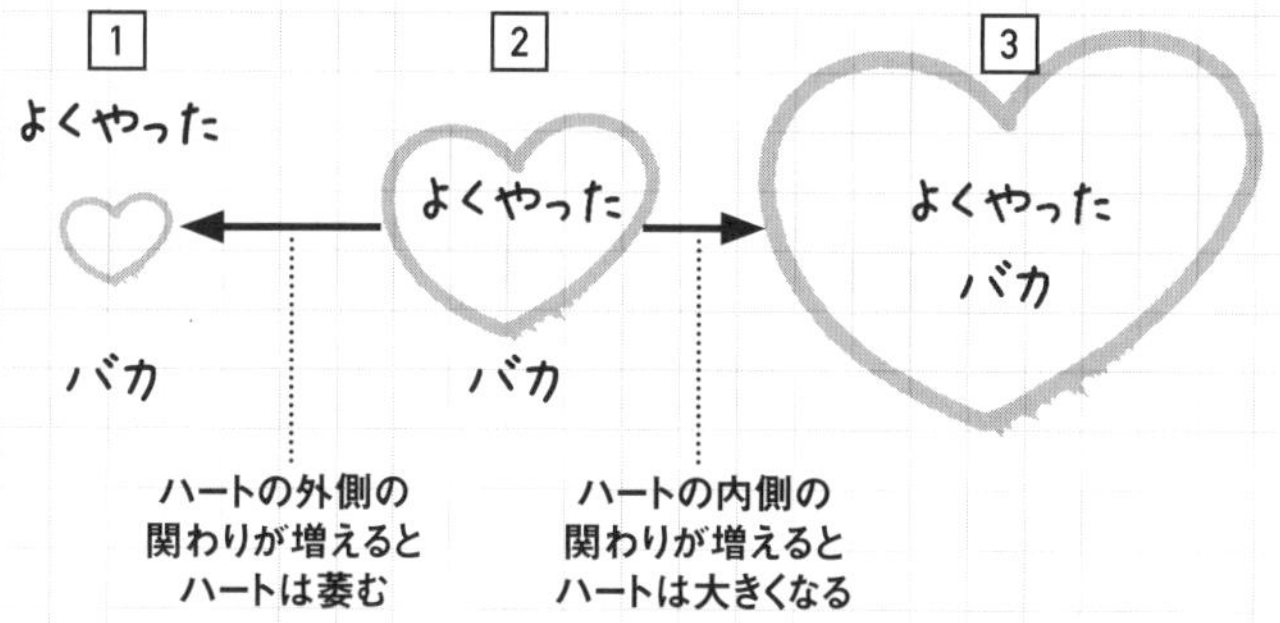

1
よくやった
バカ

2
よくやった
バカ

3
よくやった
バカ

ハートの外側の
関わりが増えると
ハートは萎む

ハートの内側の
関わりが増えると
ハートは大きくなる

1 ハートの大きさが小さいと、褒められてもうれしく感じない

2 ハートの大きさが普通サイズだと、言葉通りに受け取れる

3 ハートの大きさが大きいと、叱られても「感謝」と感じる

例えば大嫌いな同僚や意地悪な上司から「よくやった」と言われたことを想像してください。皮肉や嫌みに聞こえることはありませんか？ 一方、仲の良い同僚や面倒見のよい上司から「バカ！」と言われたらどうでしょう。それほど気にならないことも多いのではないでしょうか。

言葉はとても不完全な道具です。同じ言葉でも、誰が、どこで、どんな状況で、誰に話すかで、解釈は大きく変わります。「かわいい」と言われても、相手によって「うれしい」と感じたり「気持ち悪い」と感じたりする。それはハートの大きさが違うからです。

これまで自分を心から大切に想い、ときには厳しく、ときには優しく育ててくれた恩師がいて、その恩師が本気で叱ってくれたときは、私たちに生まれるのは恨みではなく、感謝です。この感情は、言葉尻ではなく、言葉の真意をくみ取ることから生まれます。**ハートが大きくなると、互いに真意をくみ取るコミュニケーションに移行していきます**。

このような話をすると、いかにも昭和的チームOSで働いているリーダーからよくお叱りを受けます。

「そんな優しい言葉ばかり（多分、ハートの内側の言葉）を並べて、部下が言うことを聞くのか」と。

私は諭すようにこう言います。「確かにそうですね。しかし、あなたと部下の間のハートがとても小さい、あるいはないような状態では、あなたの言葉（場合によっては存在そのもの）はすべてネガティブになります。そうなると言葉で人は動かないし、成果も出ません。**本当にあなたの言葉を意味あるものにしたいのであれば、それはハートを大きくしてからです**」。

さてここで問題です。ハートはどうやって大きくしますか？

もうお分かりでしょう。ハートはハートの内側のポジティブな言動によって大きくなり、外側のネガティブな言動によって小さくなります。そして最もネガティブな言動は何だと思いますか？　それは「何もしないこと」です。

何もしなければ、人のハートは萎んでいく

心理学的には「無視をする」ことが心理的ダメージが最も大きいといわれています。「何もしないこと」も同じです。「コミュニケーションは100％他者評価」という原則に沿えば、「何もしない」のは、あなたが他者に興味関心がないことを能動的に示しているのと同じです。

何もしなければ、ハートはどんどん萎んでいきます。そしてついには消滅してしまいます。そんな関係では、あなたの言葉は誰にも届かないでしょう。

だからこそ、一定以上のポジティブなコミュニケーションの量が必要なのです。特に用事がなくても「元気？」「何か私にできることはある？」などの声掛けがとても大きな価値を持ちます。

今日、あなたは誰とどれだけ話をしましたか？　この数日で同僚や家族などの身近な人

と話していない人はいませんか？　油断するとハートがどんどん萎んでいきますよ。

よかれと思って言った言葉がパワハラやセクハラと解釈されることがあります。しかし、それはコミュニケーションをないがしろにして相手のハートを萎めているあなたのせい。自業自得なのだということを理解してください。

おさらいしましょう。

信頼関係を築くためには、ステップ3の内容を着実に進めてください。

□あなたの宝物リストに入っているものを点検する（自問自答）

□チームメンバー（職場、学校、団体、家庭）の宝物リストに入るために意識して行動する（ステップ2参照）

□身近な人たちとの間にあるハートの大きさを点検し、ポジティブな表現を使って、ハートを大きくする

ここまでのステップ1〜3がチーム創りの土台です。

チーム創りは無機質なものではありません。グッドチームはあなた自身の成長なくして

は生まれません。

私は口癖のように言う言葉があります。

「チームは、自分が変わった分しか変わらない」

この取り組みを通して最も大きく成長するのはあなた自身です。チームの成長は、その結果でしかありません。特に求められるのは「Ｂｅ」、あなたのあり方の成長であることを心に深く刻んでください。

◆覚えておきたい大事なこと

メンバーとのハートを広げ、宝物リストに入る

5章についての内省

- □「チーム創り」は誰の仕事か
- □「リーダーは孤独でも仕方がない」と考えていないか
- □チームメンバーは「仲良し」と言えるか
- □あなたのチームに「安全な場」はあるか
- □肩書、年齢、性別に関係なく、平等に発言できているか
- □メンバーの「本当に望んでいること」を知っているか
- □「誰かに必要とされている」という実感はあるか
- □今、あなたが困ったとして、何人から支援の声がかかるか
- □あなたの中の「征服欲」を自覚しているか
- □あなたは周りの仲間を「笑顔」にしているか

第 6 章

フォロワーシップを引き出す 第4～第6ステップ

【ステップ4 自信と本気】

小さな成功体験の積み重ねで「自信」をつける

ステップ1～3の取り組みによって、チームの土台ができ始めたら次の3つのステップに移りましょう。

本章で説明するステップ4「自信と本気」、ステップ5「チームへの貢献欲求」、ステップ6「当事者意識」はすべて、「フォロワーシップ」を獲得する取り組みです。フォロワーシップの定義は次の通りです。

【フォロワーシップとは】

チームの一員としてリーダーを支え、他のチームメンバーと協働しながら、チーム目標の達成に貢献すること

勘違いしていただきたくないことは、**フォロワーシップはリーダーも含め、チーム全員**

にまず必要になるものです。フォロワーシップが獲得できていない状態でリーダーに任命されても、残念ながらリーダーシップは発揮できません。

さらに5章で「チームに上下関係はない」と説明しましたが、ここでの「リーダー」とは課長や部長という肩書ではなく、「実質的なチームでの問題解決でリーダーシップを発揮するメンバー」を指します。そして、全員が支え合い、チームに貢献することがフォロワーシップになるわけです。

本章の3つのステップを通してフォロワーシップを獲得し、高い目標であっても意欲的に挑戦し、大きな成果を上げられるチームへと成長していきましょう。

それでは具体的にステップ4の「自信と本気」の取り組みから見ていきましょう。

ステップ4の主な取り組みは次の2つ。

①メンバーの自尊心を高める（自分自身の価値を認め、自己評価を高める）
②メンバーの自信を高める（自分の力で目標を達成できるという実感と、自己評価を高める）

一緒に働いていても「居場所がない」

①の「自尊心」の話からしましょう。

「部下のモチベーションを高めるにはどうしたらいいか」「やる気のスイッチを入れるにはどんな声掛けをすればいいか」――。

このような悩みの一般的な解決策は「褒める」という手法ですが、これには注意点があります。褒めれば褒めるほど効果が落ちていき、しまいには「褒めないと動かない」という状態に陥ることがあります。

「褒める」のはとても大切なことですが、それが必ずしもプラスになるわけではないことを知っておきましょう。

メンバーのモチベーションを高めるには、自分に「自信」を持ってもらうことが重要です。だからこそ褒める手法が有効に思われがちですが、実は「自信」の前に高めておかなければいけないものがあります。それは「自尊心」です。

「自尊心」というのは、自分自身の存在そのものを認める自己評価のことで、それを高めるには「あなたは、いるだけで価値がある」という存在承認が必要です。

「自信」はどうしても「成果ありき」になるため、評価は本人（人）よりも成果に向かいます。結果、人間の尊厳を無視し、成果で人間を判断するといった本末転倒な現実が生まれます。当人も成果が出せない自分には価値がないという誤った認識を持ち始めます。

最も重要なことは、**人は存在するだけで価値があるという本質的なBeの獲得です**。それを分かってもらうためには、**成果とは関係ないところで相手を「認める」**ことが必須です。それが存在承認です。

「自尊心」は人として生きるうえで、自分を大切にし、前向きに行動する原動力になります。自尊心を持てない人は「居場所がない」という言葉をよく口にします。これは、自分の能力やスキルではなく、「ありのままの自分」を受け入れてくれる人や場がないことを示しています。

メンバーが職場に居場所がないと感じたときは、そこで求められているのは「成果を出せる自分」であって、成果を出せなくなったら不要なのではないかと思ってしまう。このような気持ちで成果が出せない状態が続くと、自尊心を失っていきます。そして自暴自棄になったり、誰かの言うがまま行動したり、自分を安売りするようになったりします。

「相手の存在」を認める方法

存在承認の方法は簡単です。「A君がいてくれるだけで心強いよ」「いつもニコニコしているね。見ているとこっちも元気になるよ」「今日も朝早いね。頑張ろう！」。ちょっとした一言で構いません。「君がいてくれてうれしい」という感謝の言葉をかけましょう。

皆さんは一緒に働いている人、家族や友人などに、こういった言葉を頻繁にかけていますか？ 心の中で感謝しているかもしれませんが、実際に声に出して伝えてください。また、一人ひとりのちょっとした変化や成長、小さな成功を共に喜ぶことも、相手を認めることにつながるので、一緒に全力で喜びましょう。

自尊心が高まれば高まるほど「意志」（自己の存在価値から生まれる前向きなエネルギー）が強くなり、選択を他者に依存せず、自分で決めることができるようになります。

次は②「自信を高める」について。「自尊心」を持つことができれば、「自信」を持てる準備ができたようなもの。あとは「自信を持ってもらうだけ」なのですが、前述した通り、自信は「結果」がついてこないと持ちにくいという難点があります。

私が研修や企業コンサルをしていて感じるのは、日本のビジネスパーソンは本当に自信のない人が多いということ。それはなぜか。それは昭和的チームOSの上で働いてきた「落伍者製造型のリーダー」が多いことが理由の1つに挙げられます。

「落伍者製造型リーダー」は猛省を

「落伍者製造型リーダー」、すなわち「人を潰す」リーダーは、自分で決めたのか、上から言われたのか分かりませんが、「根拠のない高い目標」を提示し、部下の尻をとにかくたたいて成果を出そうとします。会議は叱咤激励という名の独演会か、淡々と進捗報告をする報告会。どちらも想像するだけで、ダメなチームの典型ですね。

このようなリーダーは、自分が部下を潰している自覚がありません。そして成果が上がれば「オレがいるから」と成果を自分だけのものにし、成果が上がらなければ「使えない部下ばかりだ」と落伍者の烙印を押します。

ここまではっきりしたダメ上司でなくても、似たような考え方をしている人は少なくありません。**リーダーの真の役割は何か。それはメンバーを「成功者」にすること**に他なりません。それができないリーダーは、肩書はどうであれリーダーではありません。まさに部下に落伍者の烙印を押し続ける落伍者製造機です。
では、メンバーを「成功者」にするには、どうするか。

RPGゲームのように「倒せるモンスター」から

例えばRPGゲームが面白いのは、レベル1から少しずつ経験値をためてレベルアップし、強敵に勝てるようになっていくこと。つまり自分自身の成長実感が、楽しさ、喜び、そして熱中状態になっていきます。経験値をためるには時間がかかりますが、それは全く苦になりません。やれば強くなると分かっているからです。

仕事もゲームのようにできたらどうでしょう。「仕事とゲームは違う」と言う人もいるかもしれませんが、「仕事のハードルを段階的に上げ、小さな成功体験を積み重ねて、実力をつけていく」という点では同じです。

ゲームは5章で紹介した「力の欲求」「楽しみの欲求」「自由の欲求」を満たしてくれます。また、ネットゲームのようにチームを組んで戦えば「愛・所属の欲求」も満たされます。仕事もこうした基本的欲求を満たしてくれるゲームに近づけられれば、私たちは仕事に熱中し、日々自発的に実力の研さんに励むことができるでしょう。

時代が変化する中で成功していることや急速に浸透しているものには理由があります。その本質を理解し仕事に取り組むことも重要です。仕事の定義は「成果をより高めるために現状を創造的に変えていくこと」です。日々、創造的に変化してください。

では、チームとして何をすればいいのか。それは「まずは必ず達成できる目標（ゴールではなくマイルストーン）を決めること」です。確実に勝てるモンスターから倒していくわけですね。

ここで気になるのはメンバーの能力査定です。当たり前ですが、実力によって同じ課題でも難易度は変わってきます。ただ私が知る限り、部下の能力レベルを理解している管理職は、とても少ないと感じます。仕事を割り振っているだけの管理職が多い。

管理職は本来、部下の能力レベルに見合ったマイルストーン（中間目標）を部下と話し合って設定しなければいけません。これは「**成功に至る階段の設計**」と言えます。なぜ、階段なのかといえば、1段1段の高さの調整によって、部下が昇れるかどうかが決まるからです。

ここで重要なのは「階段の適切な高さ」（マイルストーンの難易度）の設定ですが、そ

〈 成功者支援型のリーダーの取り組み 〉

GOAL

一歩一歩階段を上り、実績を重ね自信を強めるメンバー

できた!

できた!

階段(マイルストーン)を作る支援、応援するリーダー

れには部下の能力を正しく見極める必要があります。ただ、それは難しくはありません。最初から高い目標ではなく、必ずできる目標から始めればいいのです。それもメンバー本人に決めてもらいます。そして少しずつ目標を高くして、個々のメンバーの能力を見極めていきます。

この際、**低い目標は「目指す」ものではなく、「超える」もの**という意識でメンバー全員が取り組むことが重要です。「目指す」という意識は仮にメンバーの実力が高くてもゴールに合わせて調整する意識が働きます。しかし超える意識は、目標の先を常に見据えることでその時点の実力を存分に発揮できます。

これはチームの目標だけでなく、メンバー

それぞれの目標でも同じです。まずは確実に達成できる目標を設定してください。そして、**個人の目標であっても相互に助け合う。他人の目標達成でもみんなで一緒に喜ぶ。そうしていくうちに、チームにより強い一体感が生まれます。**

この「**小さな成功体験と喜びを積み重ねる**」ことによって実績の伴った自信が形作られていきます。「褒める」ことも必要ですが、「自信」を持つために重要なのは「実績に基づく達成感作り」と考えてください。

「自尊心」と「自信」を得たメンバーは、仕事への取り組みが以前と全く変わってきます。「楽しい」「きっとできる」「やりとげる」。メンバーからそういった言葉が出てくれば成功です。メンバーは仕事に対し「本気」で取り組むようになり、次々とレベルアップし、自分の「殻」を破るまでに至るでしょう。

◆覚えておきたい大事なこと

「いてくれること」への感謝の気持ちを持つ

【ステップ5 チームへの貢献意欲】

「目標達成」を自分事にする

ステップ4で「自信」を得たメンバーは、本来私たちに内在している社会性を顕在化させていきます。端的に言えば「他者への貢献意欲」が高まり、それが徐々に行動となって表れてきます。それはステップ5「チームへの貢献意欲」へとつながり、ステップ4までで得られたチームとしての推進力を「成果」につなげる取り組みが可能となります。

そのためにやっておきたいことがあります。**「目標をチームの中心に置く」**です。

チームは本来、目標を達成するための集合体です。ですから、チームメンバーの目的はチーム目標を達成することです。この当たり前のことが現実のチームでは当たり前になっていません。これまでお話ししてきたようにチーム目標が〝他人事〟のままチームに参加しているのです。ですから、チームの全メンバーがチーム目標を〝自分事〟として認識している状態を作ることが必須です。これは内的心理学でお話しした全メンバーの宝物リストに鮮明なチーム目標が入っていることを意味します。であれば理屈は簡単ですね。**チー**

ム目標が個々のメンバーにとって「大切なもの、意味や価値が明確であるもの」になっていればいいわけです。

これだけでは、抽象的に感じる方もいると思います。もう少し具体的に言うと「愛・所属の欲求」の観点では、「目標を達成することで必要とされている実感が持てること」。「力・価値の欲求」の観点では、「目標を達成することで認められているという実感が持てること」。「自由の欲求」の観点では「目標達成の中で創意工夫や自分の発想が活かせること」。「楽しみの欲求」の観点では「皆で目標達成することが楽しく、達成することで皆を笑顔にできる実感が持てること」。これらを肉付けしていくことが有効です。はっきり言って無機質な数値目標は推進力にはなりません。チーム目標で最も重要なことはリーダーのけん引力ではなく、全メンバーのモチベーション（推進力）を引き出すことです。

こういった理解がない達成意欲が強いリーダーであればあるほど、どうしても「自分が何とかしなければならない」と思いがちです。責任感が強いのかもしれませんが、実はそうした気持ちはメンバーにとって悪影響を与えることがあります。それは「プレッシャー」です。リーダーが目標必達のために奮闘しすぎると、メンバーが萎縮したり、空回りしたりして、ミスやトラブルを起こしてしまう危険性があるわけです。

チーム目標が、なぜかリーダーだけの目標になってしまうことはよくあります。ですから、リーダーは自分の目標ではなく、チームの目標であることを強く自覚して振る舞うことが大切です。

「なぜこの目標を目指すのか」

話を戻します。「目標をチームの中心に置く」ためには、何をすべきでしょうか。

最初は「なぜこの目標を目指すのか、目標を達成してどうなるのか」といった目標達成の意味や価値についてざっくばらんにメンバーから考えを聞くといいでしょう。

もちろん、これまでのステップを経てきたチームなら、話し合いもネガティブな雰囲気にはなりません。

この取り組みは、最終的に自らがミッションやビジョンを考えられるようになるためのよい練習機会です。無機質な目標に意味や価値を見いだし、付加する。そうすることで、**仕事は単なる作業から社会に貢献する尊い活動に変化していきます。**

ファシリテーターという役割の理解と実践

ステップ5はチーム成長段階でいうと第3段階（標準期）を指します。メンバーの自立性が高まりチームシナジー（チーム力）が生まれ始める段階です。さらにチーム力を高めるためにリーダーやメンバー間の関わりは、コーチングやファシリテーションが中心になってきます。そこで重要となるのが多様性が活きるミーティング環境です。ディスカッションの状態を洞察し、「特定のメンバーしか話していない」「メンバーの数人が上の空でディスカッションに参加していない」というような状況を打破していきます。

ファシリテーターは会議の進行役とは異なります。ミーティング自体がシナジーを生み出す場として機能するように、メンバー全員が「ミーティングに参加しているだろうか」「もっと活発な意見が出るためにはどうすればいいか」「もっと平等に意見が出るためにはどうすればいいか」といった意識で場を洞察し、これらの質問をチームに投げかけます。こうしてメンバー自身が自ら考え、メンバー間の関わり方を自立的に変えていけるように支援します。これによって全員が活発に意見を出せるミーティングとなり、目標や計画には、全員が関わったという実感と総意が反映されます。ですから、他人事になりにくく、目標がチームの中心（メンバーの宝物リスト）に置かれます。

そして**目標だけではなく、メンバーの課題や悩みも話すことで、ミーティングは「チームへの貢献の場」になっていきます**。

ミーティングはメンバーを目的地（ミーティングの到達点）まで導くことが大切です。その役割を担うのが「ファシリテーター」です。4章でチームが成長するにつれ、マネジメントのスタイルを「マネジャー」→「コーチ」→「ファシリテーター」と切り替えていくことは説明しましたが、まさにここではファシリテーターの力が必要です。

「ファシリテーター」というと、一見、難しい印象がありますが、本質が分かれば誰にでも習熟できます。

ファシリテーターは進行役ではなく、会議そのもののパフォーマンスを高めるための働きかけをします。例えば問題解決の中身ではなく、チーム全体を俯瞰（ふかん）しながら、問題解決とチーム学習がしっかり行われているかを洞察し、適切に介入するのです。

このファシリテーターは持ち回りにして誰がやってもよいのですが、まずはチームの中心人物がファシリテーターを務め、極めるといいでしょう。

この能力が欠落していると、チーム力だけではなく、問題解決の質が向上しません。結

〈　ファシリテーターの効果的な質問　〉

■場の雰囲気について
「皆さん、気軽に話せていますか？」

「気軽に話せるアイデアを考えてみませんか？」

■平等性について
「この件について、話していない人はいませんか？」

「全員の意見を聞きたいのですが、どうしましょうか？」

■対話の質について
「それ、本音で話していますか？」

「本音を語れるようにするにはどうすればいいですか？」

■対話の方向性について
「言い訳やできない理由ばかりになっていませんか？」

「『難しい』をできる限り使わないようにしませんか？」

■創造性について
「対症療法ではなく本質的な改善案で何かありませんか？」

■目標について
「最終ゴールや達成イメージを共有しませんか？」

「うちのチームが本当に得たいものって何でしょうか？」

■具体性について
「少し曖昧な結論になっていませんか？」

「次の具体的な達成目標を確認しませんか？」

■相互学習について
「会議が学びの場になっていますか？」

果、ミーティングなどでは思い付きのアイデアや声の大きい特定のメンバーの意見で物事が進むことが常になります。

では、どのように「介入」したらいいのか。**ファシリテーターは「指示命令」を使いません。使うのは「質問」「傾聴」「助言」「応援」「協力」です。**

このように適切な働き方ができるファシリテーターがいることで、会議そのものが「チームへ貢献する場」に変化します。よく「無駄な会議が多い」と嘆く人がいますが、嘆く前に「どうしたら会議がよくなるか」を考えてください。そのヒントはファシリテーターにあります。

◆覚えておきたい大事なこと

ミーティングを「チームへの貢献の場」として変化させる

【ステップ6 当事者意識】
目標達成のための「あきらめない精神」を育む

ステップ4で仕事に対する「自信」と「本気」を獲得し、そこで得られる推進力をステップ5で「チーム目標の達成のための貢献」に向ける。このプロセスを経ると心からの「当事者意識」が芽生え始めてきます。

ステップ6では、メンバー全員に当事者意識をしっかり持って動いてもらうことを強化します。当事者意識を持てば、さらにチームのために、メンバーのために動けるようになるからです。

「当事者意識」とは何で、どうすれば生まれるのか

よく「部下に当事者意識がない」「〝自分事〟として動いてくれない」と不満を言う管理職がいますが、実際、当事者意識を持って働くことは容易ではありません。同じチームに

所属し、同じ目標のために働いていたとしても、です。

そもそも当事者意識は「あるもの」ではなく、「作られるもの」です。初めから当事者意識が高い人は、それまでの人生の中でその意識が育まれる環境や経験があったのでしょう。逆に当事者意識が「低い」、「ない」ように思える人は、そのような環境や経験がなかっただけのことです。低いなら低い、ないならないで、そこから作っていけばいいだけの話です。

ここで注意していただきたいのは、チームビルディングメソッドにおいては、「当事者意識」という言葉は「自発性」や「自己責任」の枠にとどまるものではないこと。本書での定義は次の通りです。

【当事者意識とは】

目標達成のために自己の変化、学習、成長に責任を持ち、意欲的に取り組む意識

これは「目標を達成するまであきらめない精神性」と「そのために最も重要な自分自身の実力（ＢｅとＤｏ）を高める行動に直結した意識」とも言い換えられます。自分の能力開発も含め、チームで成果を出し続けるためには必須の要素と言えるでしょう。

そして**当事者意識に欠かせないのは、自発的行動の根源となる「意志」です**。ここでの意志とは、自ら動き、変化し、対応していくという考え方・姿勢です。

メンバーにとって「価値のあるもの」になるためには

このような意志をメンバーに持ってもらうには、それぞれのメンバーの「宝物リスト」（5章参照）に、チームの目標や目的、ビジョンを入れてもらう必要があります。これが当事者意識を持ってもらう方法です。

とても重要ですのでより詳しく説明します。宝物リストに入れてもらうためには、「メンバーにとって価値のあるものになるために何が必要か」を考えることが重要です。

それは人それぞれなので、メンバーが個々に大切にしていることを踏まえて考えてみるしかありません。

ただ、宝物リストに入れてもらえる可能性が高いものはいくつかあります。まずはこれらを考えてみましょう。

・自分（チーム）の存在や取り組みが、他者や社会から必要とされていると実感できる
・他者や社会から評価や称賛を受けていると実感できる
・自由（自由裁量や権限委譲）があり、自分の創造性が発揮できる
・楽しみ、喜び、笑顔があり、自分の成長に有効だと実感できる

「ラーニングサイクル」で当事者意識が作られる

当事者意識を持つためには「**自分の成長に責任を持つ**」という考え方も重要です。大きな成果を出し続けるグッドチームは、チーム力もさることながら、個々のメンバーの能力も非常に高い。これはひとえに自分の能力を〝常〟に向上させていったからにほかなりません。最初から高い能力・実力がある人はいません。重要なのはここでもやはり「成長」というキーワードです。

実は当事者意識がないと、自分自身の成長に責任が持てないのです。当事者意識を持っていない人は、自己成長をしようとしません。どこかに〝他人事〟で働いていると、どこかで成長するための努力を怠ってしまうのです。

ですから、**本当の意味での当事者意識を育まないと、前例踏襲の古臭い仕組みや知識のまま、ただただ「頑張る人」になってしまう。結果、パフォーマンスよりも長時間労働、創造性のある人よりもイエスマンが優遇されるような風土ができあがり、それを変えることもができなくなります。**

そうならないために、つまり自分を成長させていくためにやってほしいことがあります。4章で紹介した「ラーニングサイクル」（DLTGサイクル）です。

自分自身の思考、行動プロセスに組み込むことで成長（変化・対応）を促すツールなので、これはぜひ習慣化してください。

詳しくは4章でおさらいしてもらうとして、当事者意識を持つために、DLTGの工程でそれぞれ以下のような視点を持ちましょう。

【Do】安易な情報収集ではなく、可能な限り自分の行動と五感を使って〝生きた情報〟を収集するようにする

【Look】表層的な情報に惑わされず、深堀り（質問や内省）によって〝現象の本質〟を見極める

【Think】問題の発生源や原因を深掘りし、プロセスを論理的に言語化する

【Grow】ゴール（目標）を明確にしたうえで、達成可能なマイルストーン（中間目標）を設定し、具体的な実行案（5W2Hなど）を明文化する

ラーニングサイクルを回して、自分の責任で自分を磨き、実力をつけていく。当事者意識がないメンバーが多いチームは、このラーニングサイクルをミーティングを含め、あらゆる場で実践してみてください。

なお、チームメンバーに「当事者意識」があるかどうかを見極める方法は簡単です。それは、「感情」（うれしさや悔しさ）の有無で分かります。

仕事の結果にどれだけ「うれしさ」「悔しさ」を感じるか

私が以前、とても残念に感じた体験で考えてみましょう。

ある会社が年末に支店別の売り上げ達成表彰式を行いました。会場ではトップ3に入った支店が次々に表彰されていきます。壇上で表彰を受ける支店長は、満面の笑みでとても

うれしそうでした。しかし、支店の他のメンバーの顔をよく見ると無表情。その瞬間、私は違和感を覚えました。私はそれが気になり、表彰式の後、会場でそのチームのメンバーに声をかけ、心情を聞いてみました。すると、「別にうれしくないですし……」と言うのです。さらにほかのメンバーが言った一言は今も印象に残っています。「自分でも驚くくらい他人事なんです……」。

一方、会場には全支店のメンバーがいたので、ランキング下位のメンバーにも心情を聞いてみることにしました。さぞかし悔しい思いをしているのだろうと思ったら、「まあ、仕方がないですよ。いつものことだし……」と言うのです。

達成しても喜びがない、達成しなくても悔しさがない。つまり、上位でも下位でも感情が動かない、活力が感じられなかったのです。

どちらのチームも何があったのか詳しいことは分かりませんが、チームメンバーが当事者意識を持って働けていないことはすぐに分かりました。

後日談ですが、「驚くほど他人事」と語った彼に再び質問をする機会がありました。「今の状況はあなたの人生にとってポジティブなものですか?」「ポジティブなものにするとしたら、何を変えたらいいと思いますか?」「仕事を通じて得たいものは何ですか?」などを聞いてみました。彼が大切にしている「宝物リスト」を確認したかったのです。詳細はここでは教えられませんが、彼のそのときの状況はあまりよくなく、さらに改善しようとも思えないぐらいあきらめている心情が手に取るように分かりました。それでも私とチームや仕事、人生についていろいろ話した彼は、最後に一言「分かりました。やってみます！」と前向きな言葉を残して職場に戻っていきました。

数年後、彼は支店長候補になっていました。彼の話す言葉の力、表情、雰囲気がとても力強く、以前とは見違える存在になっていました。きっと当事者意識を持って働けるようになったのでしょう。

この話からも分かるように、当事者意識がないチームとあるチームで、次のような特徴があります。あなたのチームは大丈夫ですか？

【当事者意識がないチームのメンバー】

・目標を達成しても喜びがない
・目標を達成できなくても悔しさがない

【当事者意識があるチームのメンバー】
・目標達成が喜びとなり、それが次の目標達成への意欲になっている
・目標を達成できても自分の貢献に納得いかなければ悔しい気持ちが生まれる

◆覚えておきたい大事なこと

チームの目標を全メンバーの「宝物リスト」に入れる

6章についての内省

- □ 職場で「居場所がない」と感じたことはあるか
- □ 今、「自信」を持って仕事をしているか
- □ 「いてくれてありがとう」と誰かに伝えたことはあるか
- □ 1日に何回くらい「感謝の言葉」を口にしているか
- □ 自分の実力と価値を客観的に理解しているか
- □ 「1カ月前の自分」と「今の自分」、成長したことは何
- □ 「仕事の結果」で心から喜び、心から悔しいと思えているか
- □ あなたにとって「目標を達成をする価値」は何
- □ ミーティングはあなたにとって「価値ある場」になっているか
- □ 「自分事」として責任を持って取り組んでいることは何

第 **7** 章

リーダーシップを強化する
第7～第8ステップ

【ステップ7 リーダーシップ 日本のリーダーの問題】

勘違いが多い、「リーダーシップの概念」

本章ではグッドチームを創る最終章、リーダーシップを強化する取り組みであるステップ7「リーダーシップ」、ステップ8「ミッション／ビジョン」の手法についてお話しします。まずはステップ7「リーダーシップ」について。

「リーダーシップ」という言葉は一般的に使われていますが、「リーダーシップとはどのようなものですか？」と聞くと、答えに詰まる人が多い。その答えも「人を率いる力」「ゴールを決めて導く力」など、リーダーの一面的な要素しか言えない人が多い。そしてほとんどの人が、周囲を引っ張ってくれる「活動的で力強い人」をイメージします。

これはいかにもリーダーへの依存傾向が強い日本的視点から生まれたものだと思います。既にお話ししているように**日本はリーダーシップ過多です**。**いまだに優秀なリーダーさえいれば何とかなると考える人が多すぎます**。結果、この価値観から生まれてくるものは、指示待ち人間や自発性、自立性の低い人材です。

そもそもリーダーシップは、他者を従わせるために発揮するものではありません。私たちの提唱するリーダーシップとは「**チームメンバーのフォロワーシップを引き出し、高め、チーム目標の達成に向けて束ねる影響力**」を**指します**。

おさらいになりますが、第6章で紹介したようにフォロワーシップとは、「チームの一員としてリーダーを支え、他のチームメンバーと協働しながら、チーム目標の達成に貢献すること」です。個々を中心に高められた**フォロワーシップ「推進力と協働する力」を束ねる影響力**がリーダーシップであると言い換えてもいいでしょう。

ここでなぜ「影響力」という言葉を使っているかというと、強制力によって束ねるのではないことを強く認識してもらうためです。「影響力」とは、その前提となる「求心力」が獲得されることによって生まれる力です。そして「求心力」は、メンバーの宝物リストに入ることから生まれ、信頼関係でお話しした仲間からあなたのために役立ちたいという気持ちによって生まれる力です。

つまり求心力は、自分のために他のメンバーが力になりたいという想いから発するのです。これまでのステップで説明したことを真摯に実践すれば、この力は現実のものとなります。

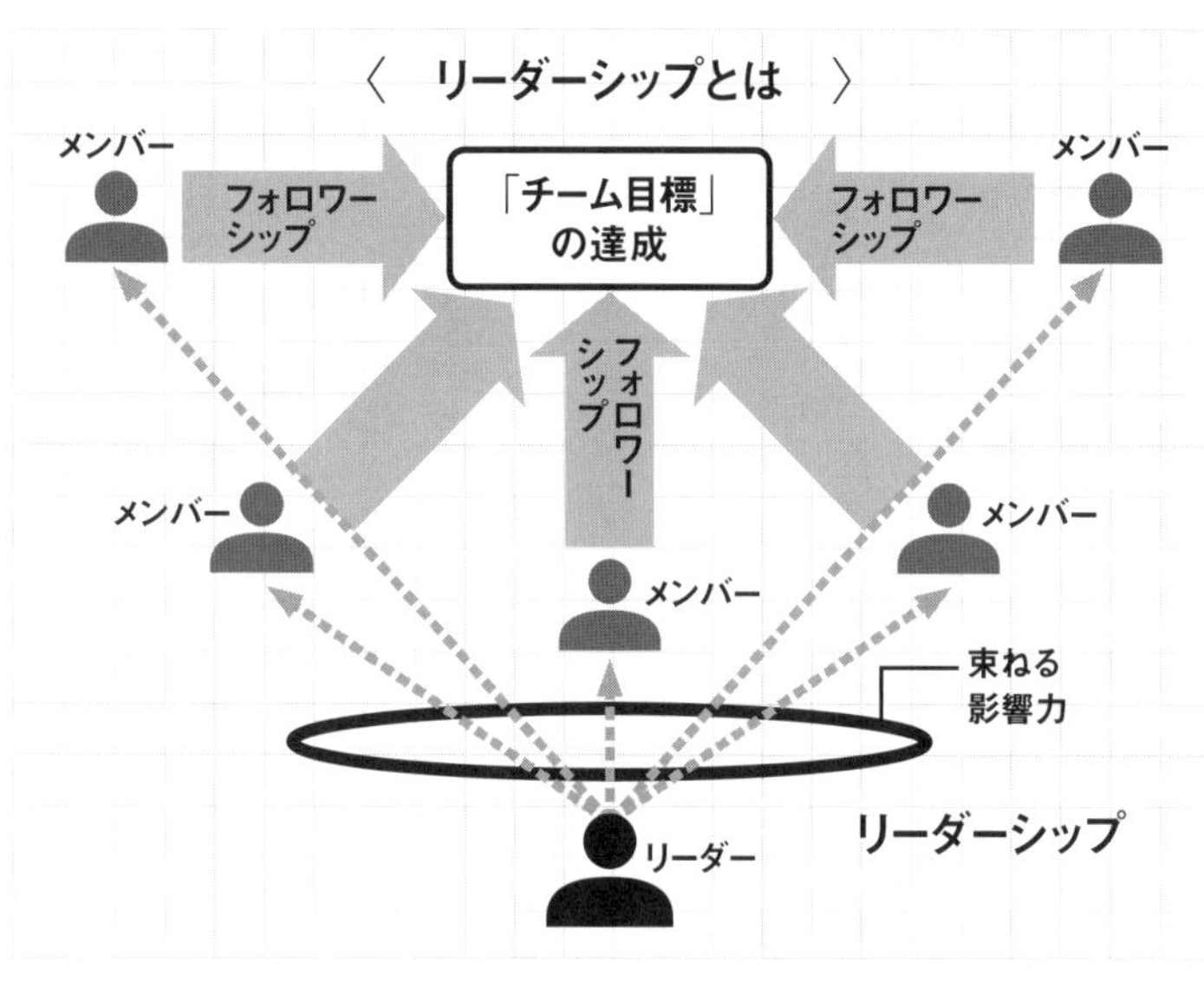

求心力を背景としてチーム目標を鮮明に、かつチームの中心に置き、その目標をチーム全員で協働しながら達成するための関係性や場を強化していく。もちろん、ラーニングサイクルの高速回転による学習と成長も促進しながらです。ここに強制力は不要です。

ところが、今のリーダーシップは、パワハラに象徴されるように「不合理な強制力」、あるいは「過度なけん引力」がいたるところで見られます。**これらは個々の可能性を潰す危険性がとても高い。**

このようなことが理解できても私たち自身、過去からこのような強制的なリーダーシップがまん延した環境にいたわけですから、自分も知らずと似たようなリーダーシップを取ってしまうことがあるでしょう。もしそれに気づいたら**「リーダーシップとは何か」に立ち戻ってください**。それを繰り返すことにより、強制的なリーダーシップの呪縛から逃れることができると思います。

【リーダーシップとは】
チームメンバーのフォロワーシップを引き出し、高め、チーム目標の達成に向けて束ねる影響力

リーダーとは「専門職」である

ほかにもリーダーシップについて私が問題視していることがあります。それはリーダーとしての「専門性」です。どの職種・役職においても専門性がとても重要であることは、皆さんも共通認識を持っていることと思います。しかし、「リーダーという役割が持つ専門性は？」と聞くと、ほとんどの人が答えられません。「リーダーとしての役割＝これまで見てきた上司が果たしていた役割」としか思っていない人が多く、本来のリーダーとは

かけ離れた見方しかしていません。リーダーの育成を計画的に行っている企業もありますが、それも個々の経験則の延長線上であるものが多く、体系立ってはいません。

また、**日本は人材開発一辺倒で、組織開発という取り組みがほとんど浸透していません。**本来、人材開発と組織開発は一対です。そして組織とは、人材を成長させる器です。**人材開発に投資をしても器が壊れていれば、その投資は無駄になってしまうのです。**

それを人事、日本企業、あるいは日本社会が理解していないことが問題です。この問題が様々な社会現象（メンタルヘルスの問題、コンプライアンスの問題、いじめの問題、機能不全の官僚、公務員組織など）を生み出していると言っても過言ではありません。

この課題は「肩書=リーダー」という構図から、「本当のリーダーシップを体現できる人=リーダー」にしなければ解決しないことです。4章で説明した通り、チームの成長を促進させるためには、リーダーがマネジメントスタイルを変化させていく必要があります。繰り返しになりますが、「マネジャー」（良き指導者としてチームを指導・育成する）→「コーチ」（良き相談者としてチームを状況に応じてけん引・伴走する）→「ファシリテーター」（良き達成支援者としてチームを支える）という順で変化させていきます。理想はチームの状態、メンバーの状態に合わせて、マネジメントスタイルを自由に変化できることですが、まずは一つひとつを日常の関わりの中で実践し、習熟してください。

ステップ7以降では、リーダーは主にファシリテーターとしてチームに関わります。役割としては成果達成を支援する「達成支援者」だけでなく、メンバーの成長を促進する「学習支援者」としても機能しなくてはなりません。「成果」と「成長」。どちらもこれまで本書を通して話してきた重要なキーワードです。それだけに**リーダーとしての専門性と言える、ファシリテーションの考え方や技術はしっかり身に付ける**必要があります。

効果的な「5つのファシリテーションプロセス」

では、実際にどんなファシリテーションをすればいいのでしょうか。ファシリテーションプロセスは以下の5つです。

【プロセス1】「Relation」――信頼関係を作る。安全な場の形成状態の確認

【プロセス2】「Wants」――宝物リストの状態を質問によって確認する。目的、目標が入っていなかったり、誤っていたりしたときは正しいものを入れる

【プロセス3】「Be／Do」――現在の「あり方」や「やり方」が達成したい目標にとって有効かどうかの内省を促す

【プロセス4】「Evaluation」――指示命令による行動変容の強制ではなく、質問による内省によって気づきを引き出し自発的な変化を促す

【プロセス5】「Plan」――実施／改善方法の具体化とチームとしての合意形成（コミットメント）を図る

次ページの図を見て分かる通り、ファシリテーションの土台になるのはプロセス1「Relation」で築く信頼関係です。これがなければ何も始まりません。そのうえでプロセス2の「Wants」で、メンバー自身が認識している目的、目標を質問によって確認にします。これは各メンバーの「宝物リスト」と密接に関わっています。

私たちは目標について「大切、興味関心がある」という共感が伴わないと、自分の宝物リストに入りません。それがない状態では仕事をしていても「さまよっているような行動」になります。

この状況を見かねた上司は、メンバーの「見えている行動」を、指示や命令を行って変

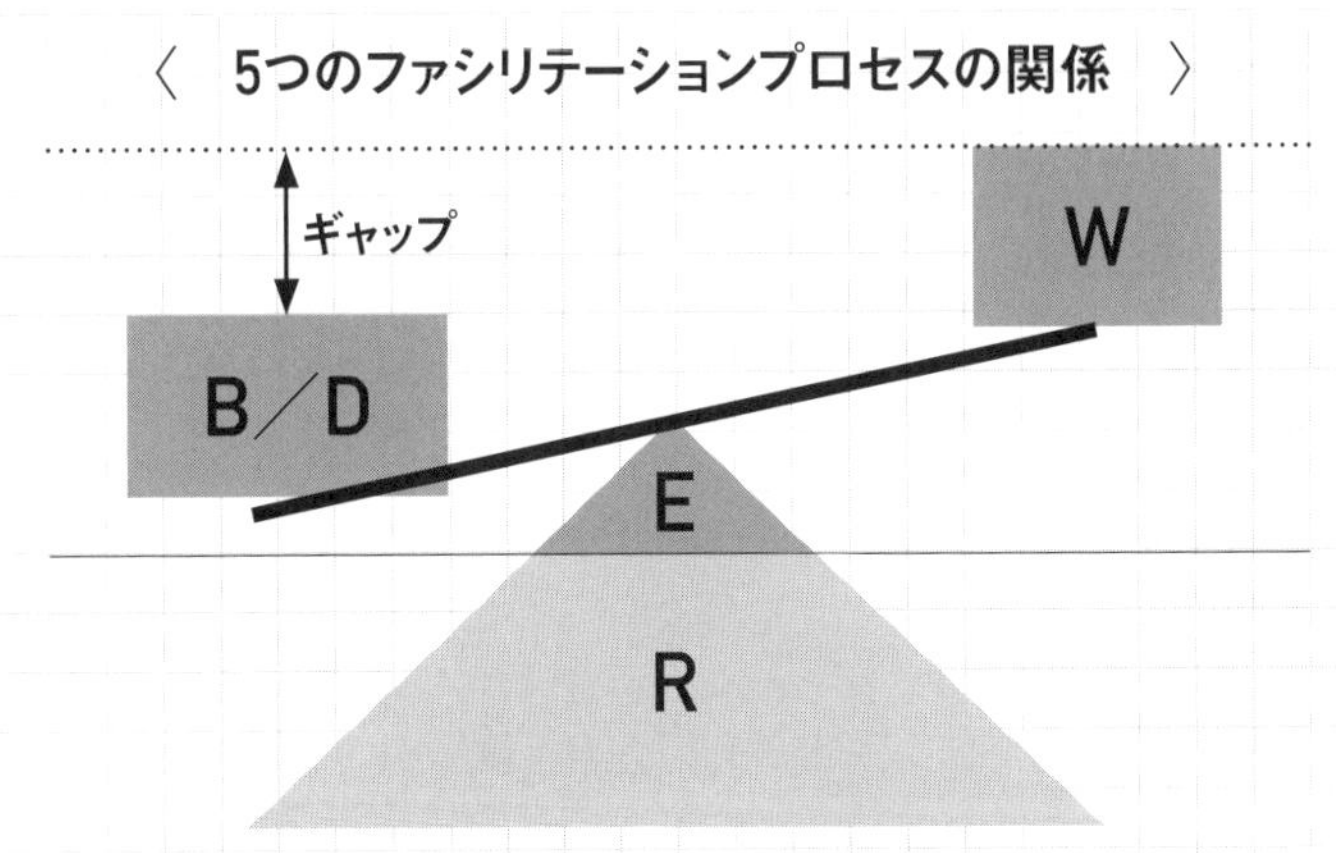

えようとします。一旦はその通りに動きますが、目を離した隙にまた、さまよいだします。これはわざとではありません。当然です。宝物リストに何も入っていない、あるいは誤った目標が入っている状態ではもともと誤った目的地に向かっているわけですから、一時強引に方向を変えても目的地を正しくしない限り、また誤った道に戻るだけです。

この行動だけを変えるやり取りが続くと、互いに疲弊し、関係性が悪化していきます。ですから、まずやるべきは「行動の修正」ではなく、「宝物リストの確認」になります。同じ目標をぶれなく、メンバー全員の宝物リストに入れることです。これ以外にこの問題を回避することはできません。

一部でマニュアル化という取り組みも行われていますが、モチベーションのない人たちはまともにマニュアルを見ませんし、大事な注意事項もチェックしません。「マニュアルに書いてあるでしょ」「なぜ、しっかり確認しないの？」というやり取りがどうしてなくならないのか、ここまで読まれた方なら分かると思います。

次はプロセス3の目標を達成するための行動（ＢｅとＤｏ）をプロセス4の質問により「確認」（Ｅｖａｌｕａｔｉｏｎ）していきます。

例えば、部下の仕事のやり方が上司から見ると明らかに間違っていても、部下本人は正しいと考えて実行しています。このとき、大切なことは強制的に正すことではなく、部下がどのように考えているのかを確認することです。どんなに上司の目（他者）から見て「これではどう考えても納期に間に合わない」と思っても、その事実に部下が気づかない限り、行動は変わりません。ですから、このままやり続けると目標に届かないという「ギャップ」に気づいてもらう必要があります。

それを促すために重要となるのが、プロセス4「Ｅｖａｌｕａｔｉｏｎ」の自己評価（内省）です。質問により内省を促し、自ら気づくきっかけを作ります。

例えば「このまま今のやり方で続けた場合、○月○日（期限）までに間に合いますか？」「以前、私も同じように間に合うと考えて取り組んだ仕事が○○の理由で結局間に合いませんでした。客観的に見て今の状況と共通点はありますか？」というような質問をします。間違っても「何やってんだ！　間に合うはずがないだろ！」と言ってはいけません。そして、部下自身の内省を我慢強く待ちます。

ある程度実力が伴っていれば、理にかなった回答があると思いますが、育成が伴っていない部下の場合は、とんちんかんな回答や「正直、分かりません」といった自信のない発言をするかもしれません。そこも我慢です。このような状態を作っているのは上司の育成不足のせいでもあるのですから。

理にかなった回答があった場合は、可能な限り当事者の意見を尊重します。そうでない場合は、情報提供をします。指示・命令は絶対にしてはいけません。

情報提供とは、部下が自分で考えるための材料の提供です。例えば、自分の経験談でも他の部下の事例でもいいでしょう。

「以前、同じような案件があって、自分では正しいと考えて○○のやり方で進めたのですが、結局、期限に間に合わず、たくさんの人に迷惑をかけてしまいました。今回、Aさんには絶対成功してほしいと思っています。この話と少し似ていると思って。Aさんはどう思いますか?」

このような情報提供によって自分自身でギャップに気づき、軌道修正の認識ができることで、行動を変えようとする内的動機(モチベーション)が生まれます。

プロセス5「Plan」では、定期的な進捗チェックとレビュー(叱責の場ではない)、あるいはチームとしてアドバイス、サポートの場を準備して相互支援を日常化します。

実際にこんな例があります。ある企業の部署は、チームのあり方(Be)として「私たちに個々の仕事はない。すべてがチームの仕事である」というチームとしての価値観を根付かせていました。朝礼ではまず、全員で今日の目標や行動内容を簡単に発表します。そして皆で「達成しよう!」と握手をして仕事を始めます。

終礼は、退社時間ギリギリではなく、退社時間の1時間前に始まります。そこでは朝に発表した目標の達成状況を報告します。そこで目標を達成すると、全員で拍手をして喜びます。達成していないメンバーがいる場合は、終礼が終わった後、他のメンバーが支援できることを皆で話し合います。当日できることは当日、翌日サポートすることは翌日の仕事に組み込みます。

結果、期限通りに仕事が進むようになったといいます。そればかりかサポートを受けたメンバーは、次は自分がサポートをする側に回りたいという気持ちが高まり、そのための時間を捻出するために、自分の仕事のやり方を改善したり、仕事ができるメンバーから積極的に指導を受けたりするようになりました。これによって、生産性が一気に上がり、以前あった残業がなくなったばかりか、成果も劇的に向上したそうです。

もうお分かりのように**リーダーは「黒子」**で、活動の主役は自立性の高いメンバーなのです。ですが、この**関係と環境を作った影の功労者はリーダー**です。これが本来のリーダーシップのあり方なのです。

◆覚えておきたい大事なこと

過度なけん引力はいらない。リーダーは黒子に徹する

【ステップ7　リーダーシップ　リーダーシップの強化法】

「求心力」と「影響力」を獲得する

リーダーシップを発揮して目標を達成する。しかし、誰もあまり喜ばない。達成感や喜びよりも、「取りあえず終わった」という終了感だけが残る。明日になればまた次の高い目標が目の前に立ちはだかる。ため息が出る。これをひたすら繰り返す日々だとしたら、人はどんどん疲弊していきます。

リーダーが発揮するリーダーシップの結果がこれだとしたら、リーダーシップは何のためにあるのでしょうか。

「成果を出す道具」になっていることを当たり前に思わない

あらためて意識してほしいのは**自分にとって「仕事は自己成長の道具であり、会社は社会貢献の道具」であるということです。**仕事も会社も私たちにとっては「道具」なのです。

私たちは使われる側ではありません。

仕事における「成果」は、自分たちの「成長の証」であり、社会貢献の結果です。昭和的チームOSに浸りきり、「成果を出す道具」になることを当然のように受け入れないでください。

そして、これまでのステップを経て辿り着いた**リーダーシップの最大の目的は、自分、チーム、そして社会に「喜び」を創り出すためにある**と理解してください。

私は「喜び」を伴わない目標達成には意味がないと考えています。もちろん、グッドチームもこの考え方が根底にあります。

リーダーを含めチーム全員は、目標達成することで自分たちや関係する人たちの喜ぶ姿を想像できなければなりません。もし、それが想像できないとしたら、真剣に喜びを生み出すために何が不足しているのか、何を付加しなければならないのかを自問自答したり、チームメンバーと腹を割って話し合ったりしてください。

それが見えたとき、チームに強力な一体感と結束力が生まれます。**私たちの仕事を含む活動のすべては、「喜び」に向かうべきだからです。**

「求心力」と「影響力」を持つために必要なこと

次はリーダーシップの獲得・強化法を説明します。重要な要素は2つ。「求心力」と「影響力」です。「求心力」は、多くの人々の心を捉え、その人を中心に物事を進めていく力のこと。仕事でこの力を発揮するための5つの心得があります。

【求心力を獲得するための5つの心得】

〈心得1〉「強制力」を一切使わないという決意を持つ
〈心得2〉リーダーはただの役割であり、チームには上下関係はないと認識する（リーダーも一人のメンバーでしかない）
〈心得3〉「質問力」「傾聴力」「助言力」「応援力（喜ぶ）」「協力」を磨き、それらを駆使してメンバー全員を「成功者」にすると決意する
〈心得4〉「自己演出力」を磨き、メンバーとチームにとって「ポジティブな存在」（基本的欲求を満たせる存在）になる
〈心得5〉1～4を実践し、「感謝」される存在になる

いかがでしょうか。この5つの心得を体得している人がいたら、とても魅力的に見えませんか。これらは「人の心をつかむ」要素とも言えるわけです。

そして心得1～心得5を体現することで「影響力」が生まれます。もちろん、「コミュニケーションは100％他者評価」の原則通り、自分がどんなに頑張って実践しているといっても他者が認識できなければ、それは影響力にはなりません。**まさにあなたの後ろ姿が他者からどのように見えているかが影響力の本質なのです。**

よく「部下をどうコントロールしていいか分からない」という管理職がいます。もうお分かりだと思いますが、この問い自体が誤っています。

正しくは「**メンバーのフォロワーシップをどのように育み導いていくのか**」ですね。

◆覚えておきたい大事なこと

あなたの「後ろ姿」が影響力の本質

【ステップ8 ミッション／ビジョン】

「グッドチーム」になるための最後の仕上げ

ついに最後のステップ8「ミッション／ビジョン」です。

ミッションやビジョンについては、「経営層が考えること」と誤解している人がたくさんいます。会社だけでなく、**自分の所属するチームにもミッションやビジョンがあります。そしてそれらは、当事者であるメンバー自らが創っていくものです。**

しかし、チームが「成長不全」（第1段階「形成期」、第2段階「混乱期」）の〝個人商店〟では、メンバーの価値観は自己中心的な「自分の損得」を優先したもののままです。この状態でミッションやビジョンを作成したとしても、それはただの絵に描いた餅にしかなりません。

ミッションやビジョンは、「社会性」（自分以外の人や社会への貢献）が高まった個人やチームでなければ、本来の力を持ちません。ですから、チームを第3段階以上（標準期、達成期）に成長させる必要があります。

リーダーにせよ、経営者にせよ、肩書が付いた途端に社会性に目覚めるわけではありません。**理想としては、社会性が育まれる風土、文化、仕組みがあり、しっかりと社会性を高めた人材がリーダーや経営者になることが望ましいのです。**

「社会性」はこれまでもお話ししてきたように、チームの成長過程の中で少しずつ育まれていきます。

具体的には、「他者貢献」→「自立性の獲得・強化」→「フォロワーシップの獲得」→「リーダーシップの獲得」→「社会性の獲得」のプロセスを踏んでいきます。

「獲得」と言っていますが、どれも私たちが潜在的に持っているものばかり。ただ、それが覚醒するかどうかは、環境に大きく左右されるわけです。

チームビルディングの理解や取り組みがない場合、ほとんどの集団は第1段階と第2段階を行き来するだけで、社会性を得る前提となる「他者貢献」や「自立性」が育ちません。結果「自分のことだけをやっていればいい」「困っている人がいても面倒に関わりたくない」や、「誰かが何とかするだろう」「自分一人やらなくても、大丈夫だろう」といった利己主義的な考えや他力・他責が、いつの間にか当たり前のようになっていきます。

そうならないためにも、チームの成長とともに、紹介した8ステップすべてを念頭に自己成長に励んでほしいと考えています。

チームが成熟した今だからこそ、チームミッションを語り合う

話をミッション・ビジョンに戻します。

実はチームビルディングには「ミッション創造型」と「ミッション具現型」の2つがあります（次ページ図）。本書でここまでお話ししてきた8ステップを踏む手法は、実は「ミッション／ビジョン」をチーム創りの最終工程に置く「ミッション創造型」チームビルディングです。

ここで少し疑問に思う方もいるかもしれません。「なぜ、ミッションやビジョンの取り組みが、チーム創りの最終工程にあるのか」と。

その疑問は当然だと思います。組織やチームはもともと、ミッションやビジョンの定義を定めることから始まります。そのミッションやビジョンに賛同・共感した人たちが集まり形成されるのがチームであり組織だからです。それを考えると、「ミッション／ビジョン」の取り組みを土台にする「ミッション具現型」チームビルディングが自然なアプロー

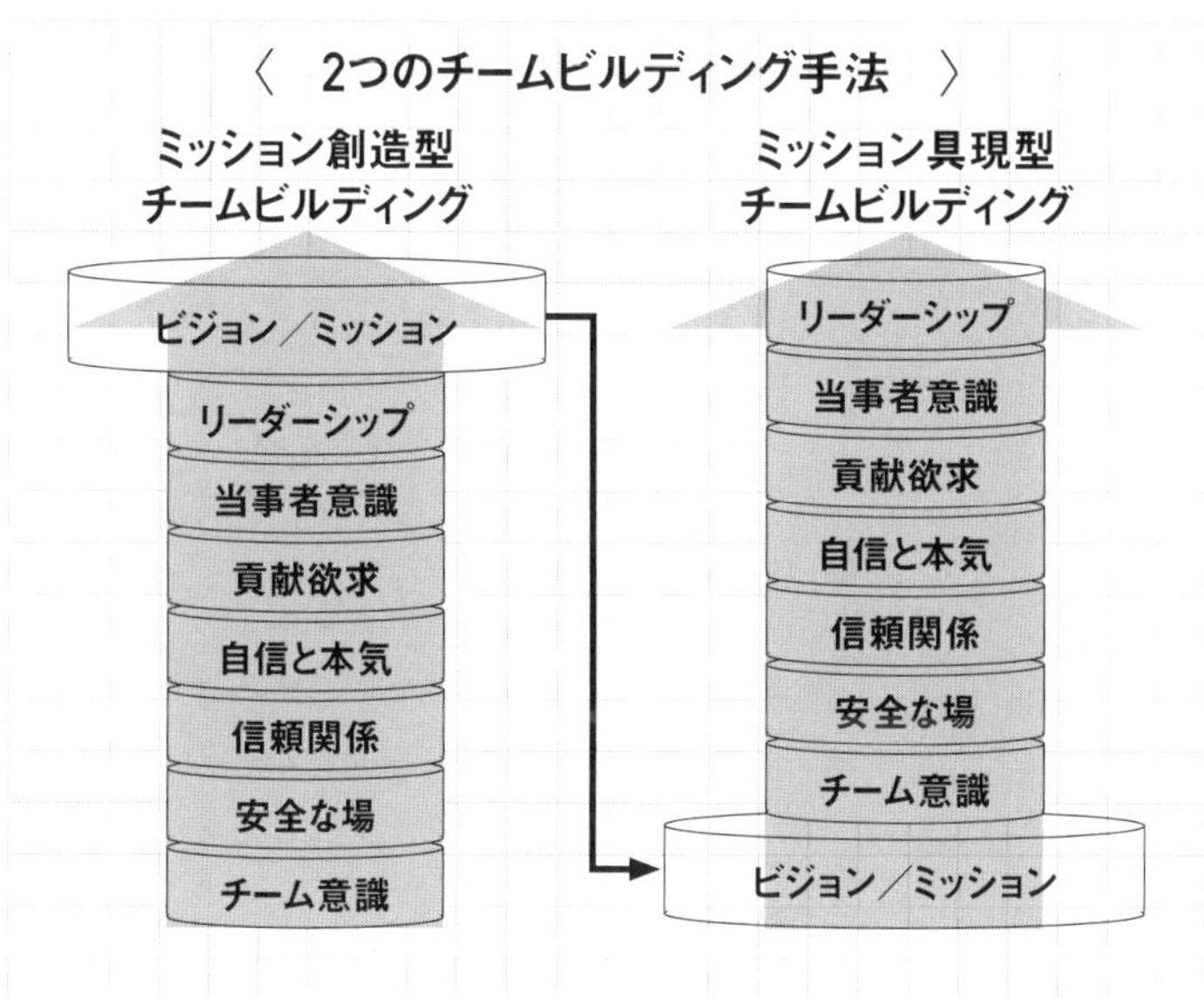

チのように見えます。

実際に東京ディズニーリゾートやスターバックスなどは、ミッション経営として成功しているといえます。しかしこれらは稀有な例です。

では、その他はどうでしょう。あなたのチームや職場では、会社のミッションやビジョンを日常業務の中で感じたり、実践したりすることはありますか？

恐らくほとんどの人が答えに詰まることでしょう。それだけミッションやビジョンは形骸化しているのです。

既存のミッションやビジョンが機能しない主な理由は3つ。

①ミッションやビジョンに共感した人材によって組織が創られてない
②チームの「成長不全」（第1段階、第2段階）によりミッションやビジョンが自分事にならない
③ミッション具現型チームビルディングは、単一的なビジネスモデルか創業時にしか適さない

まず、①と②についてお話しします。ミッション具現型の実践には大きな2つのハードルがあります。チームの成長プロセスやステップ1のチーム意識で説明した内容です。本来のチームの大原則は「ミッション／ビジョンに共感したメンバーによって創られる」ということです。まず、この前提を満たしている現実の企業がほとんどありません。そして仮にとても鮮明なミッションやビジョンがあったとして、②の「チームが成長不全」ではミッションやビジョンは自分事になりません。

これは簡単な質問で確認できます。

「あなたは自分の会社のミッションやビジョン、理念などを自分の言葉で語れますか？」

いかがでしょう？　ミッションやビジョン、経営理念などを中核としたミッション具現型

のチームビルディングを成功させたいのであれば、次の具体的な改革が必要です。

- ・ミッションやビジョンをお題目ではない現実的で誰もが理解できるものにする
- ・採用時にミッションに共感し本気で体現できる人材を厳選採用する
- ・企業を形成するすべてのチームを第３段階以上に成長させる

この取り組みなしにミッションやビジョン、経営理念の見直しを行ったところで、時間の無駄といえるでしょう。特に「チームの成長不全」の問題が大きく、どのようなミッションを掲げようとチームが成熟していなければミッションやビジョンを体現する組織は生まれません。ですから、チームの成長を先行させた②の「ミッション創造型」チームビルディングが必要になるのです。

ここから③についてお話しします。

そもそもミッション具現型は「単一の商品やサービスを大量販売する」や「創業者のミッションやビジョンを具現化する」場合には適しています。しかし、ダイバーシティ（多様化）が常識となった社会において個々のメンバー一人ひとりの発想や存在そのものがミッションやビジョンとつながる時代です。

この多様性を企業の成長に活かすためには単一的なミッションやビジョンに縛られるのではなく、活動の最小単位であるチーム自体がミッションやビジョンを持ち、活動する必要があります。

そのためにミッションやビジョン（以降、ミッション）は全体のプラットフォームとしての企業ミッション（以降はグローバルミッション）とプラットフォームの上で活動し成長していくチームミッションの2つのミッションが必要になります。そして、この具現化のために有効となるのが「ミッション創造型」チームビルディングです。

チームミッションがグローバルミッションへ

次ページの図のようにグローバルミッションは〝幅の広い道（プラットフォーム）〟のようなものです。**チームミッションは、そのプラットフォームの上で、チームとしての具体的な存在意義と実現すべき未来を描き、変化・成長していくものです。そして最終的にはグローバルミッションの枠を超え、独立に向かう可能性と選択肢が生まれます。**

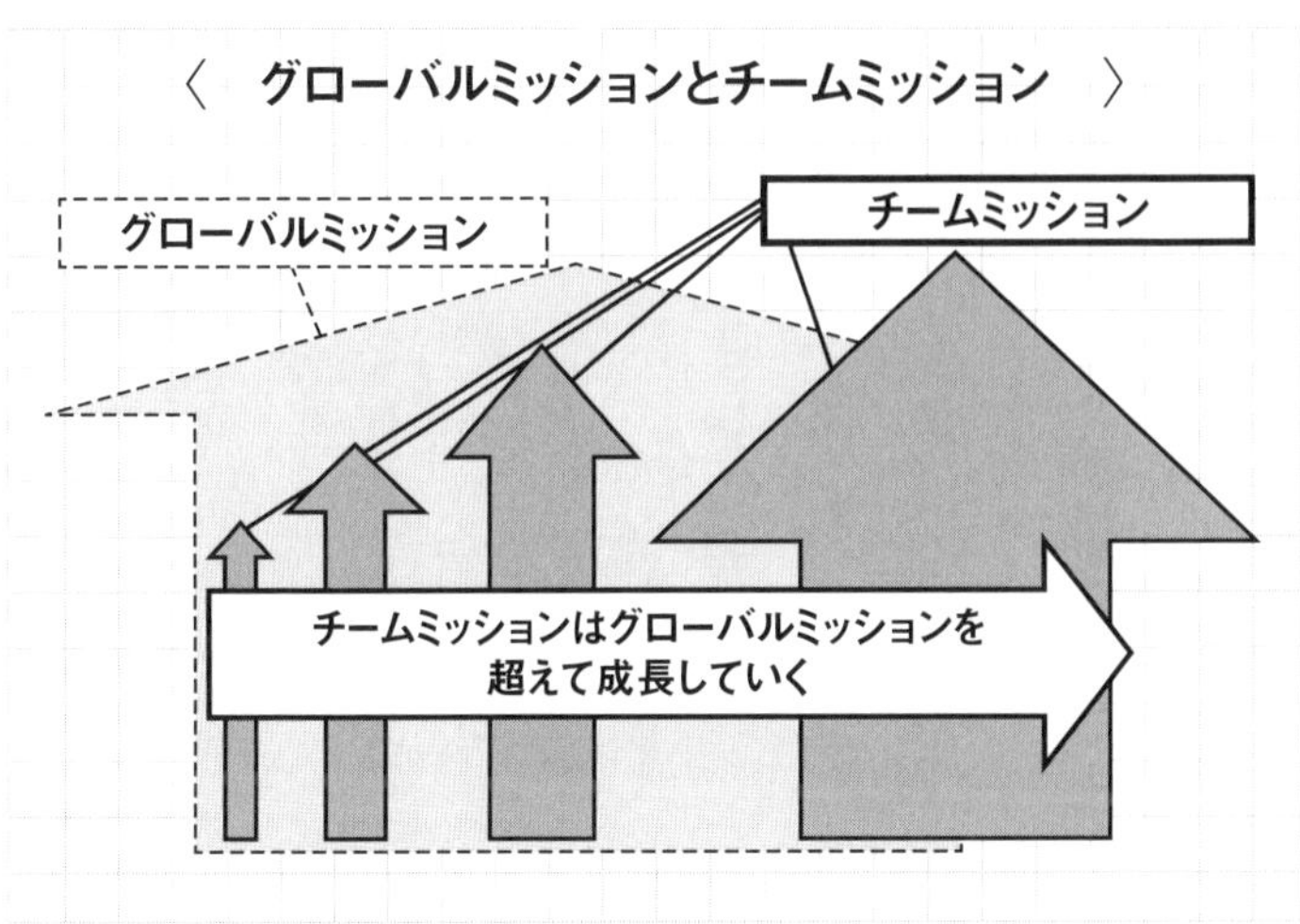

最初は自分たちチームのやるべきこと（仕事）が自分の成長と社会への貢献という視点で、どのような意味や価値があるのか、あるいは、どのような意味や価値をチームの仲間と創っていくのか、という問いから始まります。しかし残念なことにチームが成長不全（第1段階、第2段階）では、誰も本気でこの問いに答える準備ができていません。

本格的な準備はステップ4「自信と本気」から始まります。フォロワーシップの獲得は自分自身の価値の認識とともに社会性を徐々に高めていきます。

そして、チームミッションは、チームの影響力（成果、喜び、感謝の量と質）の拡大とともに成長していきます。

実際の事業を考えると、最初は1チームから始まりビジネスの成功とともに拡大し、それが課や部となり、さらに大きくなると事業部、最終的には独立という形に昇華されていきます。今ではあまり珍しくないですが、親会社をしのぐ事業規模を獲得する子会社もあります。

現代においてGAFAに代表される成功企業の原動力は売上目標ではありません。一人から始まったミッションやビジョンです。それが多くの仲間と共にチームとして拡大し、事業化し、発展を遂げていきます。

これは異例のケースではありません。さらにこれからは**卓越した一人の経営者だけではなく、誰にでもどんなチームにもそのシード（事業の出発点）になれる可能性があるのです。もちろん、あなたにも。**

それが日本において起業が活発に生まれる風土として実現しないのは、今、私たちを縛っている旧来の価値観でありOSに原因があります。そして、あなた自身の選択です。

このミッション創造型のチームビルディングはグローバルミッションを落とし込むようなトップダウン組織ではなく、成長型のチームでしか実現できません。

チームミッションをメンバー全員であらためて議論する

ステップ8に進んだ今だからこそ、あらためてミッションやビジョンについてチームで語り合うことが大切です。そこで生まれたり、修正されたりしたチームミッションは、しっかりと個々のメンバーの中で腹落ちし、日常業務の中で活かされます。

チームミッション、すなわちチームのこれからの取り組みについて語り合うときに大事な視点を紹介します。

【チームミッションの議論で大事な視点】

- 「その意味は何か」
- 「その価値は何か」
- 「その結果はチーム、会社、社会にどのような影響を与えるか」
- 「自分は本気か」
- 「自分の本気は何を持って証明できるか」

これらについて、チームメンバーは個々に自分なりの回答を出してください。そして、それらをチームメンバー全員で語り合い、メンバー同士の考えを深掘りし、そこからメンバー全員が腹落ちするチームミッションへと昇華させましょう。ここまでできたら、あとはチーム全員で同じ方向に進むだけ。必ず成果は出ることでしょう。

今求められる「持続可能なチーム」とはどのようなものなのか。それは単に維持継続するチームではなく、チームとしての社会的価値と成果を高めながら創造的に成長できるチームです。その実現はステップ1〜8の取り組みの先にあります。

そんなグッドチームで働くことができれば、朝起きて「早く会社に行きたい」と思えるようになります。職場で笑顔が生まれ、結果を出し続けられるチーム。皆さんはぜひ、そんなグッドチームを創ってください。

◆覚えておきたい大事なこと

本物のチームミッションが、本物のグッドチームを創る

7章についての内省

- □ あなたの言動は「絶対にパワハラではない」と言い切れるか
- □ 自分自身が「指示待ち人間」だと感じたことはあるか
- □ あなたにとっての「リーダーシップ」とは何
- □ 自分が「求心力」や「影響力」を持っていると思うか
- □ リーダーは何の「専門職」だと思っているか
- □ あなたの会社、チームのミッションは何
- □ それらのミッションに共感・腹落ちしているか
- □ あなたが「社会」のために現実的に貢献していることは何
- □ あなた自身、ミッションを持って生きているか
- □ あなたは本気で「グッドチーム」を創ろうとしているか

おわりに

まずは、本書を手に取っていただいたことに心から感謝いたします。ありがとうございます。最後まで読んでいただいた今、あなたの心の中に1つの決意が芽生えていることを確信しています。それはあなたがあなたの職場（学校、団体、家庭）を変える最初の一人になるという決意です。そしてその決意の手始めとして自分を変える（成長させる）ことを、既に実践しようとしている姿が目に浮かびます。

私は長年、人が生き生きと成長できる職場創りを本気で実現したくて、企業コンサルやセミナーを行ってきました。

しかし、とても残念なことに企業組織だけではなく、学校や家庭、国の組織に至るまで、その多くは好ましくない方向に進み続けているように私には見えています。

「組織の問題解決能力が低く、活動スピードが極端に遅い」

「時代の変化やテクノロジーに疎く、時代に取り残されている」
「起業家やリーダーが育たない、モチベーションの高い人材が少ない」
「コンプライアンスの問題やメンタルヘルスの問題が急増している」
「職場に尊敬できる上司も信頼できる仲間もいない」
「無責任な経営者や口先ばかりで腹をくくらないリーダーが多い」

このように組織の実情を挙げればきりがないほどです。

街は「無関心」「無表情」な人たちで埋め尽くされている

また、社会に目を向ければ他人に無関心で、無表情で幸福感が低い人たちで街は埋め尽くされ、会社にも学校にも家庭にさえ居場所がない人たちがあふれている。

そして私自身に突き付けられた問いは、「この状況を悲観して何もしないのか」あるいは「自分以外の何か誰かに原因を求め、無責任な犯人捜しを続けるのか」、それとも「自分のできることを探し、日々それを実践し、少しでも皆が笑顔になれる社会を自分の力で創る努力をするのか」でした。

理不尽な現実に何度も心が折れそうになりましたが、自問自答する日々は続きました。そしていつの間にか、笑顔で成長できる社会を創るためにすべてをささげる人生になっていました。

「グッドチームの創り方」を知ってほしいし、実践してほしい

私はこの多くの不幸を生み出している真因（本当の原因）を考え続けました。

その結果「こんなにもチームや組織に不満を抱える人が多いのに、ほとんどの人がその解決策（グッドチームを創る方法）を知らない」ことに行き着きました。

そして、日本には「こんなにも優秀な人材がたくさんいるのに優秀なチームや組織が本当に少ない」ことにも気づきました。

本書の内容は、私のコンサル、講演、セミナー、映像コンテンツなどを通じて多くの方に届けてきました。しかし本気で取り組まれている人は、中堅のリーダーの方で1～2割、若手リーダーやメンバーの方で3～4割といったところです。役員や経営層に至っては1

割いるかいないか……。

この実情から分かるように、傾向として上に行けば行くほど「Ｂｅ」を大切にしたチーム創りへの感度が乏しい。

こう話すと「じゃあ、やっても無駄じゃないか」という方もいるかもしれません。

問題は、自分自身を変える取り組みに関心のある人の少なさ以上に、取り組む前からあきらめてしまう人の多さにあります。「難しい……」を連呼するリーダーの多さにも。

しかし、チーム創りの取り組みは、難しくありません。それは私のセミナーに参加された多くの方々の感想からも分かります。

身近な人に〝当たり前〟のことを当たり前にする

「今日の話は今まで私が〝当たり前のこと〟と考えていたことばかりでした。要はこの〝当たり前のこと〟ができていないことが問題であることを痛感しました」と。

そうなんです。人を信頼することも、困っている人を助けることも、家族や仲間を愛することも〝当たり前のこと〟なのです。

その当たり前のことが、見知らぬ誰かにではなく、身近な仲間や家族に対して当たり前にできていないことから、チーム（職場、学校、団体、家族）の問題は生まれています。職場の問題は他の誰かの問題ではなく、あなたや私たち一人ひとりの日常の問題なのです。

そしてその解決に最も重要なことは「Ｄｏ」ではなく、あなたの内側にある「Ｂｅ」だということもあらためて強調しておきます。

でないと、私たちはまたすぐに小手先の対症療法（やり方：Ｄｏ）に走ってしまいます。結果、形だけの無駄な組織、無駄な仕事、無駄なルール、無駄なシステムが肥大化し、有事に全く対応できない、持続不可能で殺伐とした社会創りに加担することになります。

本書の中心を流れているものは「あり方」である「Ｂｅ」です。私はこれを現代の私たちに最も不足している人間としての根幹だと考えています。

「尊厳」「自由」「喜び」「信頼」「感謝」そして「愛」。

どんなに時代が変わろうとも、私たち人間を突き動かすものは、これらの普遍的な感情であり、それらを育む大切な仲間との関わりです。

そして「Ｂｅ」は、私たちにとって大切な器、「家庭」「学校」「職場」「社会」「国」によって育まれます。だからこそ、この器の創り方を知らなければ何も始まらないのです。

そして、より良い未来も築けない。

どうか一人でも多くの皆さんに、この本が届き、一人でも多くの皆さんの居場所（器）が「幸せを育む場」になることを心から願っています。

本書を読んで質問や相談のある方は「日本チームビルディング協会」の問い合わせから気軽にメッセージを送ってください。https://jtba.jp/contact
回答はユーチューブチャンネル「そしきづくり大学」で順次、映像配信していきます。

さて最後に、本書を出すにあたって協力いただいた多くの方に御礼を申し上げます。

編集担当の上岡隆さん。在宅が義務付けられ、なかなか思うようにコミュニケーションが取れない中で辛抱強く関わっていただきました。本書がこれほど分かりやすく仕上がったのは上岡さんのおかげです。本当にありがとうございました。

また日本チームビルディング協会の副理事を務める倉科直樹さん、本書の内容について客観的、かつ的確なアドバイスをしていただき、とても感謝しています。何よりアドバイスに添えられた温かさにあふれた応援メッセージは、私が本書を書くうえでの大きな力になりました。本当にありがとうございました。

あらためて、これまで支え、応援いただいたすべての皆様に心から感謝を申し上げます。

２０２０年５月

株式会社アクションラーニングソリューションズ代表取締役
一般社団法人日本チームビルディング協会代表理事

齋藤秀樹

齋藤秀樹
さいとう ひでき

株式会社アクションラーニングソリューションズ代表取締役
一般社団法人日本チームビルディング協会 代表理事

富士通、SIベンダーなどにおいて人材開発部門責任者、事業会社の経営企画部門、KPMGコンサルティングの人事コンサルタントを経て、人材組織開発コンサルタントとして独立。ジョージワシントン大学大学院人材開発学部マイケルJ. マーコード教授より直接、アクションラーニングコーチ養成プログラムを受け、GIALジャパン設立（現：NPO法人日本アクションラーニング協会）に参加、ディレクター就任。その後、アクションラーニングの日本における本格的な企業導入を標榜し、株式会社アクションラーニングソリューションズ設立、代表取締役に就任。また中小から大手企業・外資系企業のコンサルティングで実証された組織開発の有効性を広く一般に広めるために一般社団法人日本チームビルディング協会（JTBA）設立、代表理事に就任。

Good Team
成果を出し続けるチームの創り方

発行日　2020年6月29日　第1版第1刷発行
2023年6月27日　第1版第4刷発行

著者　齋藤 秀樹

発行者　北方 雅人
発行　株式会社日経BP
発売　株式会社日経BPマーケティング
〒105-8308
東京都港区虎ノ門4-3-12
https://business.nikkei.com/
編集　上岡 隆
装丁・レイアウト　中川 英祐（Tripleline）
作図　中澤 愛子（Tripleline）
印刷・製本　大日本印刷株式会社

本書に関するお問い合わせ、ご連絡は下記にて承ります。
https://nkbp.jp/booksQA

ISBN 978-4-296-10680-6